여인들의
한국사

CHOSENSHI NO ONNA TACHI
Copyright ⓒ 1986 by Song Ryurcha

CHOSEN NYONIN MANDARA
Copyright ⓒ 1997 by Song Ryurcha

All rights reserved

Original Japanese edition published by Chikumashobo Ltd.
Korean translation rights arranged with Chikumashobo Ltd. trough Japan UNI Agency,
Inc., Tokyo and Korea Copyright Center, Inc., Seoul

이 책의 한국어판 저작권은 Japan UNI Agency와 Korea Copyright Center를 통한
Chikumashobo Ltd.와의 독점계약으로 도서출판 페이퍼로드에 있습니다.
저작권법에 의해 한국 내에서 보호를 받는 저작물이므로 무단 전재와 무단 복제를 금합니다.

여인들의 한국사

성윤자 지음 | 김승일 옮김

페이퍼로드
paperroad

...옮긴이의 글

이제 역사의 주인은 여성이다

    일반적으로 여성은 역사에 약하다고 여기는 사람들이 많은데, 어느 정도는 맞는 말인 것 같다. 실제로 주변의 여성들에게 역사에 무관심한 이유를 물으면 "관심을 갖기에는 너무 거대한 분야"라든가, "지금 여기에 있는 내 삶과 무슨 관계가 있는지 몰라서"라는 대답이 심심찮게 들려온다.

    그런데 이 같은 현상을 꼭 여성 탓으로만 돌릴 수는 없다. 역사에 조금만 눈길을 주다보면 동서양을 막론하고 모든 역사가 남성 중심으로 그려져 왔음을 알 수 있기 때문이다. 이러한 분위기에서 여성은 늘 누군가의 결정에 따라 운명이 뒤바뀌는 수동적인 존재로 규정되어왔다. "솥뚜껑 운전자" "암탉이 울면 집안이 망한다" 따위의 모욕적인 언사들도 따지고 보면 이 같은 '더부살이 삶'이 초래한 것이 아닐까. 한마디로 여성은 세상의 중심인 '역사'와는 무관한 존재로 훈육되어온 것이다.

개인의 삶과 역사라는 거대 담론 사이에서 연관성을 찾는다는 게 분명 쉽지는 않지만, 어쨌든 우리는 역사를 만들어가는 주체로서 늘 이러저러한 결정에 관여하기 마련이다. 이를테면 투표를 하거나 국가 정책에 찬반을 표시하는 등의 행위 모두가 나와 내 가족의 행복에 직결된다. 여성이 남성보다 더욱 철저하게 역사를 배우고 거기서 교훈을 얻어야 하는 이유 중 하나가 바로 여기에 있다. 모성을 지닌 존재로서 여성은 자식세대의 삶까지 책임지지 않으면 안 되기 때문이다.

일제시대 조선총독부는 조선의 여성들을 세뇌하고 장악하기 위해 수많은 노력을 기울였다. 사회의 기초는 가정이고 가정을 이끌어가는 주체는 바로 여성이기에, 여성을 지배하는 것이야말로 사회 전체를 영속적으로 지배할 수 있는 좋은 수단이라 판단한 것이다. 이와 같은 역사적 사례만 봐도 여성이 역사와 무관하기는커녕 근원적으로 역사와 매우 밀접한 존재임을 알 수가 있다.

'역사에 약한 여성들을 어떻게 하면 역사와 친숙해지게 할 수 있을까.'

이 책은 이러한 고민 속에서 만들어졌다. 역사를 접하는 데는 다양한 방식이 있지만, 그중에서도 자기 자신(여성)의 역사를 파악하는 것이야말로 가장 용이하고도 절실한 일이라는 생각이 든 것이다. 이 책에 등장하는 많은 여성들 — 위로는 남성 못지않은 기개와 실력으로 역사를 호령한 인물들부터 그저 성씨나 누구의 아내, 누구의 어머니로만 알려진 인물들까지 다양한 여성들의 삶을 복원한 것도 그와 같은 의도에서였다. 또한 정치와 문화예술은 물론 일반 백성으로서의 삶 등을 다양하게 소개한 것도 마찬가지다.

  이를 통해 여성의 삶은 결코 역사와 떨어진 적이 없으며, 수많은 제약과 한계 속에서도 주체적인 삶을 살기 위해 분투한 여인들이 있었다는 사실을 드러내고 싶었다. 그러한 여성들의 '역사적 삶'이야말로 자랑스러우면 자랑스러운 대로, 부끄러우면 부끄러운 대로 오늘을 살아가는 우리를 비추는 거울이자 내일을 준비하는 훌륭한 자양분이 될 수 있으리라 기대했다.

  물론 여기 실린 인물들이 역사 전체를 대변할 수는 없는 일이다. 또 저자인 성율자 선생이 집필한 당시만 해도 여성사 연구는 많이 진척되지 못한 상황이었던 한계도 있다. 그러나 이 책은 일종의 역사 입문서로서의 역할을 자임한다. 더 풍부한 역사, 더 고급의 역사는 이 책으로 인해 역사에 흥미를 갖게 된 독자들이 찾아서 읽어낼 것이라 판단한다. 그런 면에서 이 책이 작은 디딤돌 혹은 밑거름 역할을 해주었으면 좋겠다는 소박한 희망을 품는다.

  원래 이 책은 일본에서 출간된 『조선 여인 만다라』와 『조선사의 여인들』을 한 권으로 통합하고 현대적 감각에 맞게 수정, 보완해 번역한 것이다. 여성들이 역사와 사회 무대의 전면에 나서는 새로운 시대를 맞아, 이 책이 여성들의 역사의식 함양에 작은 기여나마 할 수 있기를 재삼 기대한다.

차례

• 옮긴이의 글　_5

제1장　한국사의 여명이 밝아오다

한국사 최초의 여류 시인 여옥 14
　그 시절 그녀들의 삶_ 고대 사회의 여성은……

두 제국을 건설한 한국사 최고의 여걸 소서노 24
　남은 이야기_ 백제의 첫 도읍지는 어디였을까?
　그 시절 그녀들의 삶_ 건국신화 속의 여인들

제2장 혼란과 발전의 삼국시대

감히 왕을 간택한 여인 우왕후 40
남은 이야기_ 백성에게 인기가 많았던 고국천왕
그 시절 그녀들의 삶_ 삼국시대 여성들은 정절을 얼마나 잘 지켰을까?

열녀담 아닌 뜨거운 사랑 이야기 도미 아내 54
남은 이야기_ 신선놀음에 나라 망치는 줄도 몰랐던 개로왕
그 시절 그녀들의 삶_ 지아비를 그리워하다 돌이 된 여인

바보와의 사랑 평강공주 66
남은 이야기_ 평강공주 이야기로 알 수 있는 고구려인의 삶
그 시절 그녀들의 삶_ 삼국시대 여성들의 지위는 어느 정도였을까?

향기로우나 열매 맺지 못한 꽃들 한국 역사 속의 세 여왕 80
남은 이야기_ 『화랑세기』에는 선덕여왕이 세 번이나 결혼했다고 나온다
그 시절 그녀들의 삶_ 고대에도 극심했던 아들 선호 사상

초야로 되돌아간 신데렐라 강수의 부인 100
남은 이야기_ 망국민의 비애에도 시달려야 했던 강수

제3장 다양성을 꽃피운 고려시대

'빽'이 없어 슬펐던 여인 장화왕후 오씨 112
남은 이야기_ 정신병에 걸려 죽은 정종의 불행
그 시절 그녀들의 삶_ 왕건을 기다리느라 비구니가 되었던 신혜왕후
　　　　　　　　　기가 셌던 발해의 여성들

고려의 구국혼 설죽화 130
그 시절 그녀들의 삶_ 구국을 위해 칼을 든 여성 전사의 원형, 녹족 부인

천 년의 세월을 이겨낸 지극한 사랑 염경애 144
그 시절 그녀들의 삶_ 아무리 재혼이 자유롭다지만……

제4장 욕망과 억압 사이, 조선시대

남김없이 태워 마침내 백골로 묻히다 황진이 160
그 시절 그녀들의 삶_ 기녀는 원래 '기술을 가진 여인'이었다

기다림의 시인 허난설헌 176
남은 이야기_ 같은 시대를 걸어간 두 개의 다른 길
그 시절 그녀들의 삶_ 진짜가 되고 싶었던 가짜의 슬픈 삶

옥잔을 깨고 노비 아들을 장군으로 키워낸 옥호 부인 192
　그 시절 그녀들의 삶_ 칠거지악과 삼불거

일본으로 간 밀 부인과 오조에·고조에 자매 그리고 오타 쥬리아　208
　그 시절 그녀들의 삶_ 고대에도 일본으로 건너간 한국 여인이 있었다

기생이었으나 남자보다 나았다 김만덕 226
　그 시절 그녀들의 삶_ 조선 최초의 여성 사업가는?

• 에필로그　_245

1 | 한국사의 여명이 밝아오다

한국사 최초의 여류 시인 여옥
두 제국을 건설한 한국사 최고의 여걸 소서노

한국사 최초의 여류 시인
여옥

고대인들의 심금을 울린 노래 한 가락

　고조선은 동이족이 요하遼河 유역을 중심으로 세운 국가로, 도읍을 왕검성王儉城에 정하고 기원전 4세기 말~3세기 초에 걸쳐 중국 연燕나라를 상대로 싸우면서 영토를 확장한 나라였다.
　한국사 최초의 여류 시인으로 불리는 여옥麗玉은 이 고조선에서 생애를 보낸 여인이었다. 그녀는 〈공후인箜篌引〉이라는 노래를 지었는데, 장구한 시간의 더께를 뚫고 아직까지 전해지고 있다. 물론 그 음률이며 박자 등 음악적인 요소는 알 길이 없지만, 이 노래가 지닌 가치는 무엇과도 비교할 수 없을 정도로 높다. 고조선 일반 민중의 손으로 창작되어 당시 사람들의 감성을 고스란히 드러내줄 뿐만 아니라, 그 시절 사람들의 생활상을 엿볼 수 있는 귀중한 자료가 돼주기 때문이다.

한치윤韓致奫(조선 정조·순조 때의 사학자)의 『해동역사海東繹史』에 따르면, 여옥은 뱃사공인 곽리자고의 아내였다. 이 책에는 그녀가 공후인을 짓게 된 배경이 다음과 같이 기록되어 있다.

뱃사공 곽리자고가 아침 일찍 일어나서 배를 끌고 강변으로 나왔는데, 갑자기 한 노인이 백발을 풀어헤치고 달려왔다. 미친 그 노인은 한 손에 술병을 든 채 강으로 뛰어들어 급류를 무작정 건너기 시작했다. 그때 노인의 아내가 뒤쫓아와 목청껏 남편을 불렀다. 그러나 노인은 아랑곳하지 않고 점점 강 속으로 깊이 들어가 마침내 익사해버리고 말았다.

너무나 슬퍼하던 그의 아내는 강변에서 공후箜篌(옛 현악기)를 켜며 〈공무도하가公無渡河歌〉를 즉흥으로 노래했는데, 그 목소리가 너무도 애처로웠다. 슬픈 노래를 다 부른 아내는 자신도 강에 몸을 던져 남편을 따르고 말았다.

우연히 이 비참한 광경을 목격한 곽리자고는 집으로 돌아와 아내 여옥에게 이야기를 들려주었다. 깊이 감동한 여옥은 공후를 들고, 남편을 따라 죽은 아내의 심정이 되어 시를 짓고 노래했다. 이 노래를 들은 사람은 누구든 뜨거운 눈물을 흘리지 않은 이가 없었다고 한다. 여옥은 그 노래를 이웃집에 사는 여용이라는 여성에게 전해주었다. 이것이 〈공후인〉이다.

임은 건너지 말 것이지　　　　公無渡河

임은 물을 건너다가	公竟渡河
물에 빠져 죽으시니	墮河而死
임은 마침내 어이하리오.	將奈公何

기록에 따르면 〈공후인〉은 고조선 사람들에게 많은 사랑을 받았으며 자자손손 전해 내려왔다고 한다. 차천로(조선 선조 때의 시인이자 문신)의 수필집 『오산설림五山說林』에는 "이 노래를 듣고 눈물을 흘리며 흐느끼지 않은 사람이 없었다"고 씌어 있을 정도인데, 이 노래가 얼마만큼 당시 사람들의 심금을 울렸는지 알 수 있다.

이는 국내뿐만이 아니었다. 〈공후인〉은 멀리 중국에까지 전해져 진나라 최표崔豹의 『고금주古今註』나 당나라의 『소씨연의蘇氏演義』, 후당의 『중화고금주中華古今註』 등에 소개되었다. 또 유명한 당나라 시인 이백李白이 고락부 『공무도하公無渡河』에서 〈공후인〉을 주제로 노래를 짓기도 했다.

〈공후인〉에서 엿볼 수 있는 것들

〈공후인〉이 당시 사람들에게 널리 사랑받은 것은 물론 지금까지도 높이 평가받는 이유는 무엇일까?

그건 이 작품이 인간이라면 누구나 갖고 있는 연정戀情을 아름답게 승화시키고 있기 때문일 것이다. 가만히 눈을 감고 푸른 강물을 떠올리면 사랑하는 이의 죽음 뒤에 혼자 남겨진 여인의 비애와 고독이 절절히 배어나온다.

다른 한편으로 주목해볼 것이 또 있다. 정서적인 면만이 아니라 이 노래 속에 고조선 사람들의 삶이 미묘하게 스쳐 흐르고 있다는 사실이다. 〈공후인〉을 지은 여옥은 뱃사공의 아내였다. 고조선시대에 뱃사공이면 대개 노비 신분에 속했다. 따라서 곽리자고나 여옥은 노비 혹은 그에 가까운 천한 신분으로 볼 수 있을 것이다. 여옥이 노래를 전한 이웃집의 여용도 아마 그랬을 것이다.

놀라운 점은 천민 신분인 여옥이 악기를 타고 노래를 부르는가 하면, 시를 짓고 작곡을 할 수 있는 능력을 지녔다는 사실이다. 여용 역시 노래의 향유자로서 어느 정도 음악적 소양과 재능을 가지고 있었음이 분명하다. 미친 노인의 아내는 말할 것도 없다. 그렇다면 우리는 고조선의 문화적 수준이 매우 높았음을 짐작할 수 있을 것이다. 천민 신분이 악기를 다루고 노래를 지을 수 있을 정도로 문화 수준이 높고, 이런 분위기가 최하층 민중에까지 전해져 걸작의 탄생으로 나타났을 것이라는 추측이 가능하기 때문이다.

이는 곧 당시 사람들의 경제적 생활수준과도 직결된다. 노비나 그에 맞먹는 신분이라고 해서 우마牛馬와 같은 비참함만을 누렸다면 이런 고도의 창작 행위는 불가능했을 것이기 때문이다. 나아가 고조선의 경제력 역시 어느 정도 수준에 올라 있었음을 의미한다고 봐도 좋을 것이다.

고조선의 삶

반고가 지은 『한서漢書』「지리지」'연조燕條'에는 고조선의 유명한 '범금 8조犯禁八條'가 나온다. 범금 8조의 내용 전체는 오늘날에 전해지지 않으나 다행히도 그중 3조가 남아 있어 고조선의 생활을 살펴보는 데 귀중한 자료가 되고 있다.

「범금 8조」
1. 사람을 죽인 자는 곧바로 사형에 처한다.   相殺以當時償殺
2. 사람을 상처 입힌 사람은 곡물로 보상한다.   相傷以穀償
3. 타인의 물건을 훔친 자는 그 물건 주인의 노비가 되든지 50만 전의 돈을 지불해야 한다. 相盜者男沒入爲其家奴女子爲婢 欲自贖者人五十萬

이를 통해 우리는 개인의 생명과 사유재산을 보호하던 고조선의 모습을 볼 수 있다. 화폐를 사용할 만큼 시장과 교환경제가 발달해 있는 모습과 형벌노예를 둔 신분제 사회로서의 고조선을 짐작해볼 수 있다.

고조선 경제는 이처럼 높은 수준에 올라 있었는데, 실제 백성들의 삶도 중국과 비교해볼 때 크게 윤택했던 것 같다. 『맹자』「고자장구告子章句」에 나오는 그와 관련된 기록을 보면, 당시 고조선의 조세율은 수확의 20분의 1이었다. 이에 비해 중국은 10분의 5로 가혹한 편이었다. 이처럼 낮은 조세율은 고조선 백성들의 삶을 윤택하게 만들고, 지배층과의 격차도 크게 줄였을 것이라 보는 게 역사학자들의 일반적인 견해이다. 중국의 환란기에 연燕, 조趙, 제齊 등 중국 유이민 수만 명이 고조선으로 망명했다는 기록이 있는데 이 또한 그처럼 강한 경제력이 아니었다면 불가능했을 것이다.

『한서』「지리지」에는 고조선의 백성들이 변籩이라 불리는 대나무 그릇과 두豆라는 나무 그릇을 사용했다는 기록이 나온다. 이런 식기류는 중국 등지에서는 사용하지 않던 고급품이었다. 또 고조선 사람들은 흰옷을 즐겨 입으며 금은으로 장식된 화려한 치레거리를 사용했다는 기록도 있다. 이 역시 고조선의 풍요로운 생활을 말해주는 것이다. 고조선은 경제적으로나 문화적으로나 크나큰 저력을 가진 나라였던 것이다.

어디서나 비슷했던 하층민들의 애환

그렇다고 해서 고조선 사회의 부나 경제력을 과장할 필요는 없을 것이다. 고조선의 부는 어디까지나 고대 사회를 기준으로 한 것이고, 하층민의 생활은 언제 어디서나 고달픔 그 자체였을 것이기 때문이다.

강에 몸을 던져 자살했던 노부부 역시 마찬가지다. 원문에서는 노인을 '미친 노인'이라 표현하고 있다. 그는 아침부터 술을 마시다가 술병을 든 채 강 속으로 뛰어들었다. 그는 왜 미칠 수밖에 없었을까? 아침부터 취하도록 술을 마시지 않으면 안 될 이유는 무엇이었을까? 여기엔 고조선시대 하층민의 가난한 생활과 고통, 비애가 밑바탕에 깔려 있다고 봐도 큰 무리는 없을 것이다.

의미심장한 것은 그가 '강을 건너려 했다'는 점이다. 강을 건넌다는 것은 곧 '피안彼岸' 세계로의 진입이다. 자신이 사는 시공간, 즉 혹독한 하층민 생활로부터의 도피나 탈출을 의미한다. 그는 그렇게 아내의 필사적인 만류에도 불구하고 강을 건너려다 물에 빠져 죽고 말았다. 그 아내는 노래를 다 부르자 강에 몸을 던져 자살해버리는데, 이 노부부의 죽음을 일종의 저항 행위로 보는 연구자도 있다. 당시의 신분제 사회에 대한 최하층 민중의 저항은 이렇듯 소극적일 수밖에 없다고 봄이 자연스런 해석이라는 거다.

〈공후인〉을 둘러싼 논란

한국사 최초의 시인이라 할 만한 인물이 여성이었다는 점은 한국 여성의 자랑이며 기쁨이다. 게다가 이 작품은 당대에 국내외에서 널리 사랑받았을 뿐만 아니라 오늘날에 이르러서도 그 생명과 향기를 잃지 않고 있다. 또 한민족의 귀중한 문학 유산의 하나로 오래도록 기념되고 있기도 하다. 그러나 그런 여옥에 대해 이설異說이 있는 모양이다.

〈공후인〉은 한대의 무제 때에 만들어졌다는 설, 또 위만(중국 연나라 출신으로 고조선으로 넘어와 우거왕을 몰아낸 뒤 왕위를 차지한 인물) 때의 작품이라는 설, 혹은 사군四郡(진번·임둔·현도·낙랑 등 고조선 멸망 후 설치된 한사군漢四郡을 가리킨다) 설치 이후의 작품이라는 설 등 갖가지 설이 있다. 생각컨대 곽리자고의 아내인 여옥은…… 중국에서 와서 살던 사람은 아니었을까? (이덕무 『이목구심서耳目口心書』)

또 최근의 것으로 다음과 같은 기록도 있다.

사군을 설치한 원봉 2년(BC 108년)부터 한나라 말(AD 220년) 사이에 조선의 뱃사공들이 부르는 뱃노래 중 슬픈 설화를 가진 공후인의 이야기와 노래를 그곳에 와있던 중국의 행정관 한 사람이 주목하고 그것을 채록하여 자국으로 가지고 간 뒤 다시 작사·작곡을 하게 한 것으로 생각된다. 따라서 조선인의 작품 또는 후대인의 작품 등으로 생각되지 않는다. (김사엽 『조선문학사』)

본래 아득한 기원전의 이야기이기 때문에 이설이 생기는 것도 무리는 아닐 것이다. 그러나 당시 중국의 『고금주』에는 〈공후인〉에 대해 '조선진졸곽리자고처여옥소작야朝鮮津卒霍里子高妻麗玉所作也'라 분명히 밝혀져 있다. 또한 『태평어람太平御覽』에도 고조선 사람 여옥이 만들었다고 되어 있는데, 일부러 애써 그녀를 중국인으로 만들거나 그 시를 조선인의 작품이 아니라고 주장할 필요가 있을까?

여옥의 〈공후인〉은 한국의 귀중한 문학 유산이며, 한국 시문학사에 있어 눈부신 위치를 차지하는 작품이다. 그와 동시에 여옥은 한국 여성사의 서막을 장식하는 여류 시인이자 음악가로서 빛나는 이름을 전하고 있다.

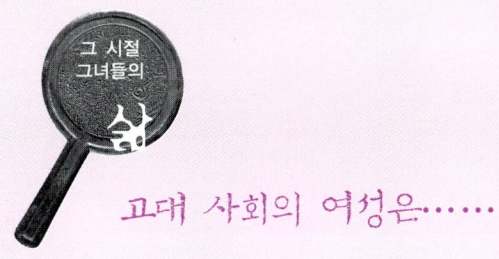

고대 사회의 여성은……

〈공후인〉 설화 속에서 인상적인 장면 중 하나는 곽리자고와 여옥 부부의 도타운 정을 드러내는 에피소드다. 곽리자고가 이른 아침 노부부의 비극을 목격하자마자 집으로 돌아와 아내 여옥에게 자세한 이야기를 들려주는 장면을 보면 근면·정직하며 아내를 사랑하는 남편의 모습을 느낄 수 있다. 아마 여옥이 풍부한 시정詩情을 지닌 음영시인吟詠詩人이라서 그랬는지도 모르지만, 시시콜콜한 일들까지 아내와 대화를 나누며 살아가는 다정한 모습이 손에 잡힐 듯하다.

그러나 이렇듯 정다운 부부의 모습이 고대 사회의 일반적인 경향은 아니었던 것 같다. 예를 들어 고구려보다 앞서 국가를 형성했던 부여의 법률을 보면 그것을 알 수 있다. 부여의 법률은 '살인자는 사형에 처하고 그 가족은 노비로 삼는다. 도둑질을 한 사람은 물건 값의 열두 배를 물어내야 한다. 간음한 사람은 사형에 처한다. 투기가 심한 부인은 사형에 처한다' 등 4개 조항이 전해져 온다.

훔친 물건의 12배를 배상한다는 조항 때문에 일반적으로 '1책 12법'이라 불리는데, 이 중 '투기가 심한 부인은 사형에 처한다'는 조항으로부터 고대 사회 여성의 열악한 지위를 짐작할 수 있다. 보통 '투기'라면 남편의 여자관계에 대한 것일 수밖에 없다. 이것이 처형까지 당할 만큼 중죄였다는 점에서 고대 사회가 지극히 남성 중심으로 편제된 사회였음을 알 수 있다. 백제에도 부인이 간통을 하면 남편 집의 종으로 삼는다는 조항이 있었던 것을 보면 이런 경향은 고구려, 백제, 신라 등 고대 사회 전반의 모습이었던 것 같다.

소서노

두 제국을 건설한 한국사 최고의 여걸

측천무후와 비교될 그녀

세계사 속의 여왕 혹은 여제의 존재는 어렵지 않게 찾아낼 수 있다. 스페인의 이사벨, 러시아의 예카테리나, 고대 이집트의 클레오파트라, 한국에도 신라의 선덕·진덕·진성여왕이라는 존재를 발견할 수 있다.

이들 모두가 시대의 주역으로 역사의 한 페이지를 당당하게 장식한 인물들이다. 그러나 그만큼 한계도 뚜렷한 것 같다. 이들은 대개 누군가로부터 왕위를 물려받았지, 스스로의 힘으로 나라를 창건한다든가 하는 족적을 남기지는 못했기 때문이다.

그런 의미에서 중국의 여걸 측천무후의 일생은 더욱 도드라진다. 무후는 당나라 태종의 후궁이자 나중에 그의 아들 고종의 황후가 되었다 (이런 패륜행각 때문에 그녀는 더욱 심한 비난을 받았다). 그러나 이에 만족하지 못하고 고종이 죽은 뒤 주나라를 창업했다.

물론 무후가 세운 나라는 당 왕조라는 대하드라마 사이에 끼어든 막간의 에피소드였다. 끊어졌던 당 왕조가 그녀의 사후 다시 이어진 것이다. 그럼에도 측천무후는 중국사 최고의 정치가 중 한 명으로 인정받는 데 모자람이 없다. 또 제국을 창업한 유일무이한 여황제로 세계사에 지울 수 없는 흔적을 남겼다.

한국사에도 측천무후에 비견될 여걸이 있다. 바로 여기서 소개할 인물인 '소서노'이다. 그녀는 고구려 건국의 주역이자, 백제의 실질적인 창업 여주女主였다. 한국 고대사의 두 축을 이루었던 나라를 건국하는 데 핵심 역할을 한 이 여인을 한국사 최고의 여걸이라 일컫기에는 전혀 무리가 없을 듯하다.

백제의 건국신화 속에 숨겨진 생애

소서노의 일생을 독립적으로 다룬 사서의 기록은 없다. 이는 남성 중심의 관념을 가진 역사가들 때문인데, 아쉽게도 소서노의 이름 역시 백제 건국을 다룬 기사 속에 단편적으로 등장하는 게 전부이다. 게다가 백제 건국을 다룬 이야기는 여러 가지 이설이 존재하는 탓에 소서노의 생애를 정확하게 알기가 더욱 어려운 형편이다. 우선 『삼국사기』

「백제본기」 '온조왕조'에서 다음과 같은 기록을 확인할 수 있다.

> 백제 시조는 온조왕이며 그 아버지는 추모이다. 혹은 주몽이라고도 한다. 주몽이 북부여로부터 난을 피해 졸본부여에 이르렀다. 졸본부여의 왕에게는 아들이 없고 딸만 셋이 있었다. 왕은 주몽을 보자 비상한 인물임을 알고 둘째 딸을 그에게 시집보냈다. 얼마 뒤에 부여 왕이 죽자 주몽이 왕위를 이었다. 그리하여 아들 둘을 낳으니 맏이는 비류라 하고 둘째는 온조라 했다. ('온조백제설')

여기서 말하는 졸본부여 왕의 둘째 딸이자 비류·온조의 어머니가 바로 소서노이다. 그런데 이상한 점은 백제 시조 온조왕의 건국 내력을 설명하는 이 기사 뒤에 또 하나의 이설이 거의 같은 비중으로 다뤄지고 있다는 것이다.

> 또는 말하기를 (백제)시조는 비류왕이고 그 부친은 우태로 북부여왕 해부루解扶婁의 서손이며 모친은 졸본 사람 연타발延陀勃의 딸이다. 그가 처음에 우태에게 시집가서 두 아들을 낳으니 맏이가 비류요 다음이 온조였다. 우태가 죽자 졸본으로 돌아가 과부로 살았다. 뒤에 주몽이 부여에 용납되지 못해 남쪽으로 도망쳐 졸본에 이르러 도읍을 정하고 나라 이름을 고구려라고 했다. 이때 소서노에게 장가를 들어 그녀를 왕비로 삼았다. ('비류백제설')

이는 당시에도 백제 건국과 시조에 관해 여러 가지 설이 있었음을 의미한다. 『삼국사기』의 저자 김부식도 두 설을 함께 다룸으로써 어느 한 쪽을 정설로 인정하는 부담을 피해간 것으로 보인다. 이 때문에 백제 시조에 관한 문제는 아직도 미궁에 싸인 채 끊임없는 논란거리가 되고 있다.

아마도 '백제 시조 미스터리'라 불려야 할 일인데, 이 때문에 소서노의 생애 역시 미스터리로 남아 있는 상황이다. 어쨌든 소서노는 졸본부여의 왕, 혹은 유력한 부족장 연타발(그가 이끌던 부족은 '계루부'였다)의 딸로서, 사람들을 좌지우지할 만한 역량을 갖춘 인물이었던 것만큼은 확실히 알 수 있다.

쿨Cool한 여인 소서노

『삼국사기』 '온조왕조'에는 소서노가 기원전 6년(온조왕 13년) 61세의 나이로 죽었다는 기록이 나온다. 이를 기준으로 계산을 해보면, 소서노가 주몽을 만났을 때는 서른 남짓의 나이였음을 알 수 있다. 그때 주몽의 나이가 21세라는 점을 감안하면 거의 8~9년을 헤아리는 연상의 누나였다. 당시의 사회상을 고려해볼 때 서른 살 여자가 미혼인 경우는 거의 없었을 것이므로 과부로서 두 아들의 어미였다는 '비류 시조설'의 기록이 보다 신뢰할 만한 것 같다.

소서노는 삶의 경륜이나 세력, 재력 모두에서 주몽을 압도하는 인물이었다. 그런 여인의 사랑을 얻고 그림자 같은 보필까지 받은 주몽은 호랑이 등에 날개를 단 듯한 든든함을 느꼈을 것이다. 이는 『삼국사기』의 기록으로도 뒷받침된다.

나라를 세우고 왕업을 여는 데 내조가 매우 컸으므로 주몽은 그녀를 매우 총애했고 비류 등도 친아들처럼 대했다.

주몽 역시 고구려 건국의 일등 공신으로서 소서노가 세웠던 공을 인정하고 적극적으로 고마움을 표시하였던 것이다.

하지만 주몽은 그리 의리 있는 남자는 아니었던 듯하다. 왕권이 어느 정도 안정되자 혈육으로 하여금 자리를 잇게 하고 싶어 했다. 그 '혈육'이란 바로 동부여에 남겨두고 온 아들 유리(혹은 유류)였다. 유리는 어머니 예 부인을 모시고 기원전 19년(주몽 재위 19년) 고구려로 도망쳐 왔는데, 주몽은 크게 기뻐하며 예씨를 원후元后로, 유리를 태자로 삼았다고 한다.

졸지에 찬밥 신세가 된 소서노와 비류, 온조는 크게 분노했다. 『삼국사기』는 비류의 입을 빌려 당시 상황을 이렇게 전하고 있다.

"처음에 대왕이 부여의 난을 피해 이곳으로 도망왔을 때 어머니가 가산을 기울여 나라의 기틀을 이루고 큰 공을 세웠다. 그런데 이제 대왕께서 우리에게 대를 잇게 하지 않고 나라를 유류에게 넘겨주셨다. 이곳에서 헛되이 우울하고 불안하게 지내는 것보다는 어머니를 모시고 남쪽으로 내려가 좋은 땅을 찾아 따로 나라를 세우고 도성을 이루는 것이 낫지 않겠느냐."

그 누구보다 분노했을 인물은 바로 소서노였다. 비류의 말에서도 확인할 수 있듯이 사실상 소서노는 고구려 건국에 주몽 이상의 역할을 한, 양대 건국시조와 같은 인물이었다. 그런데도 하루아침에 '굴러온 돌'의 자식에게 나라를 빼앗기게 되었으니 그 기막힌 심정은 이루 말할 수 없었을 것이다.

그러나 여기서 돋보이는 것이 바로 소서노가 가진 여걸로서의 담대한 풍모였다. 단순비교는 힘들지만 권력을 위해 측천무후가 벌인 행각들과는 여러 모로 차이가 난다. 무후는 자신이 갓 낳은 딸을 목 졸라 죽여 경쟁자에게 뒤집어씌우거나 허수아비 황제로 내세웠던 자신의 아들에게 사약을 내리기도 했다. 권력을 위해서라면 다른 사람도 아닌 자기 자식을 죽일 수 있을 만큼 그 비정함이 이루 말할 수 없을 정도였다.

소서노는 그렇지 않았다. 두 아들과 계루부의 사람들을 이끌고 남쪽으로 내려갔다. 뿌리 없는 부초浮草 신세인 유리와 싸운다면야 승산이 없지는 않았을 것이다. 하지만 그녀는 구질구질하게 권력투쟁에 시간을 낭비하기보다는 미련 없이 새로운 기회의 땅을 찾아 떠나는 길을 택해버렸다. 한마디로 소서노는 '쿨Cool'한 성격의 소유자였던 것이다.

또 하나의 나라를 세우다

소서노는 두 아들과 오간·마려·을음 등 열 명의 신하, 그들을 따르는 많은 백성을 데리고 남하했다. 이들은 고구려의 중추를 이루고 있던 계루부의 핵심 세력이기도 했다. 그들이 지닌 모든 인적·물적 자원이 총망라된 남행길이었다. 여기에 한 국가의 창업과 운영에 두루 참여했던 소서노의 경험은 그 무엇과도 바꿀 수 없는 소중한 자산이었을 것이다.

남쪽으로 내려온 소서노 일행은 한강 유역에 이르렀다. 새로운 땅을 찾기 위한 그들의 행적을 사서는 이렇게 전하고 있다.

> 그들은 한산漢山 부아악負兒嶽에 올라 살 만한 땅을 둘러보았다. 비류는 바닷가에 가서 살기를 원했다. 열 명의 신하가 간하여 말하기를 "이곳 하남 땅은 북으로는 한수가 흐르고, 동으로는 높은 산이 있으며, 남으로는 비옥한 들판이 있고, 서쪽은 큰 바다로 막혀 있습니다. 이런 천험의 요새는 다시 얻기 어렵습니다. 이곳에 도읍을 정하는 것이 좋지 않겠습니까?"라고 했다. 그러나 비류는 듣지 않고 백성들을 나누어 미추홀로 가서 터를 잡았다. 온조는 하남 위례성에 도읍을 정한 뒤 열 명의 신하로 하여금 보좌하게 하고 국호를 십제라 했다. 전한 성제 홍가 3년(기원전 18년)의 일이었다. (『삼국사기』 '온조왕조')

함께 남하한 일행 사이에 모종의 분열이 일어난 것이다. 비류·온조

형제 사이에 '어느 땅이 더 나은가'를 두고 서로의 기호가 엇갈린 것이다. 그러나 이는 기호의 문제가 아니라 새로 건국될 나라의 주인이 누가 될 것인가를 놓고 벌어진 심각한 갈등이라 보는 편이 옳을 것이다.

이때 소서노가 어떤 입장을 가졌는지 사서의 기록만으로는 알 길이 없다. 다만 소서노가 열린 태도로 이 모든 상황을 용인했던 것만은 분명하다. 각기 웅대한 야망을 가진 두 젊은이를 하나로 묶어놓았을 때 일어날 위험성을 그녀라고 모르지 않았을 것이기 때문이다.

혹은 이것이야말로 백제 건국의 실질적인 지도자로서 소서노의 위치를 말해주는 증거로 볼 수도 있다. 소서노가 이 모든 상황을 컨트롤하며 두 아들을 아우르는 구심점이자 막후 기획자로서 큰 역할을 담당하고 있었다는 것이다. 무한히 열려 있는 기회의 땅에서 더 좋은 영토를 찾아내는 일은 매우 중요하다. 비류와 온조가 각기 자신의 영토를 찾아 떠났지만 백제라는 큰 울타리를 기준으로 보면 이는 모두 '한 나라'를 이루는 두 영토일 수밖에 없다. 그 '한 나라'를 아우르는 꼭짓점의 위치에 소서노가 있었다. 그런 면에서 보면 "소서노야말로 진정한 백제 건국시조"라는 후세 사가史家들의 견해도 크게 틀린 것만은 아닐 수 있다.

모든 갈등이 정리된 뒤이기는 하지만, 소서노가 차지한 건국과정에서의 위치는 다음과 같은 기록으로도 유추해볼 수 있다.

(온조왕 재위) 17년 봄, 낙랑이 침입해 위례성을 불태웠다. 여름 4월, 사당을 세우고 왕의 어머니에게 제사지냈다. (『삼국사기』 '온조왕조')

적의 침입으로 수도가 불타는 대재앙을 겪은 뒤 온조왕이 가장 먼저 한 일은 어머니의 사당을 세운 것이었다. 이처럼 소서노는 백제의 정신적인 지주이자, 실질적인 건국시조로서의 위상을 지니고 있었다. 다만 두 아들의 분립을 허용하는 일이 가져올 결과에 대해서는 지혜로운 그녀로서도 예측하기 어려웠던 것 같다.

의문에 싸인 죽음

형제가 길을 달리 한 뒤 일어난 일은 사서가 전하는 바 그대로다. 위례성의 온조는 발전을 거듭해나갔지만 비류는 그렇지 못했다. 바닷가에 위치한 미추홀은 땅이 질고 물이 짜서 도읍으로 적당한 땅이 아니었기 때문이다. 결국 비류의 백성들은 온조에게로 귀의하고, 비류는 부끄러움을 이기지 못해 뉘우치며 (스스로) 죽고 말았다고 한다.

그런데 이상한 것은 비류의 죽음이다. 땅을 잘못 선택한 것은 그렇다 쳐도 그 일로 죽음까지 맞는다는 건 너무 이상한 결말이기 때문이다. 한 나라를 창업한다는 것은 어려움의 연속이 분명할진대, 자기 나라를 갖고자 한 영웅이 이토록 허무하게 죽는다는 건 아무래도 말이 되지 않는다. 따라서 이 과정에서 두 형제 사이에 알려지지 않은 심각한 알력과 갈등이 있지 않았나 추측해보는 쪽이 오히려 자연스럽다. 이와 관련하여 관심을 끄는 것은 '온조왕조'에 나오는 다음과 같은 기록이다.

13년 봄 2월, 서울에서 늙은 할미가 남자로 둔갑했고, 다섯 마리 호랑이가 성 안으로 들어왔다. 왕의 어머니가 죽었다. 나이 61세였다.

함부로 다룰 수 없는 사실은 고도의 상징과 은유를 사용하여 기록하는 것이 옛 사서들의 공통된 필법筆法이다. 그런 점을 고려해볼 때, 이 기사는 소서노의 죽음에 대한 고도의 은유라고 볼 수 있다. 왕성을 침입한 남장 노파와 그녀가 이끄는 다섯 명의 부하들을 격퇴한 뒤 살펴보니, 죽은 노파의 정체가 바로 소서노였다는 것이다.

어째서 이런 일이 벌어졌을까? 아마도 그 원인은 소서노가 꼭짓점으로서의 권위와 힘을 잃었기 때문이 아니었을까 추측된다. 비류와 온조의 야망은 너무나 강렬해 하나의 나라로 뭉쳐지기에는 이미 늦어버렸던 것이다. 많은 역사가들의 견해처럼 소서노의 죽음은 왕위 쟁탈전의 과정에서 벌어진 참극으로 보인다.

어쩌면 소서노는 그래도 맏아들을 왕위에 두고 싶은 욕심에, 혹은 지나치게 욕심을 부리는 온조를 설득하거나 그 측근을 제거하기 위해 왕성으로 향했는지 모른다. 그렇다면 왕위 쟁탈전에서 패한 비류의 죽음, 혹은 어머니의 죽음을 자책하며 눈을 감는 비류를 떠올리는 게 훨씬 자연스러워진다.

진실이야 어떻든 간에 이는 가장 소서노다운 최후였다. 그녀는 죽는 순간까지 국가의 운명을 어깨에 짊어진 채 영웅적으로 행동했기 때문이다. 이런 영웅적인 죽음이야말로 한국사 최고의 여걸이라는 평가에 값하는 것이라 말하지 않을 수 없다. 지독한 남성우월주의자였던 김부식조차도, 그 편린이나마 소서노의 일대기를 사서에 싣지 않을 수 없었을 만큼 그녀의 삶은 극적인 순간으로 가득했다.

남·은·이·야·기

백제의 첫 도읍지는 어디였을까?

　한국 고대사의 많은 부분이 그렇듯 온조와 비류가 도읍을 정했던 하남 위례성과 미추홀이 어디인지도 미스터리에 싸여 있다.
　지금까지의 연구 결과, 하남 위례성은 서울 송파구의 풍납토성과 몽촌토성으로 지목되고 있다. 우선 풍납토성은 기원 전후에 쌓여진 성으로 온조가 백제를 건국한 기원전 18년이라는 연대와 맞아떨어진다. 또 몽촌토성과는 불과 1킬로미터 남짓 떨어진 곳에 자리잡고 있는데, 이것은 "왕이 사는 곳에 두 개의 성이 있다"는 중국 『구당서』의 기록과도 일치한다.
　서기 475년에는 고구려 장수왕이 백제를 공격하여 한성을 점령한다. 『삼국사기』는 이때의 전투 상황을 "북성北城을 공격하여 이레 만에 함락하고,

뒤이어 남성南城을 공격하였다"고 기록하고 있다. 연구자들은 이 북성과 남성을 각각 풍납토성, 몽촌토성으로 비정하고 있다. 장수왕은 한성을 공략할 때 화공火攻을 벌였다고 하는데, 실제로 발굴 도중 불에 타 한꺼번에 폐허가 된 흔적이 발견됨으로써 이 견해는 더욱 신빙성을 얻고 있다.

한편 미추홀이 어디인지는 더욱 미궁에 빠져 있다. 『삼국사기』에는 "소성현은 본래 고구려의 매초홀현이었는데 지금의 인주이다. 미추라고도 한다"는 기록이 있다. 여기서 인주가 바로 지금의 인천이다. 이후 수많은 사서들이 미추홀을 인천이라 주장했고, 『동국문헌비고』라는 책은 한 발 더 나아가 인천 문학산성이 비류의 도읍성이라고까지 주장했다. 그러나 삼국시대 말기에 쌓은 것으로 조사된 이 성이 과연 비류백제의 중심지였는지에 대해서는 아직까지도 의견이 분분하다.

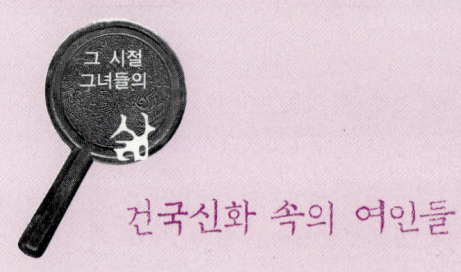

건국신화 속의 여인들

한국사에 최초로 등장하는 건국신화 속의 여인은 말할 것도 없이 '웅녀'이다. 그녀는 무리 3천을 거느리고 태백산 정상으로 내려온 환웅으로부터 마늘과 쑥을 얻어 인간으로 환생했다고 알려져 있다. 그러나 이것은 신화 속의 설명이고, 실제로는 북으로부터 이주한 환웅족과 곰을 토템으로 숭배하는 부족과의 연합을 의미하는 것이라 이해되고 있다. 단군왕검은 이들 두 부족의 결혼동맹을 통해 태어난 인물로 고조선의 개국시조이자 한국사의 첫 장을 연 지도자였다.

고구려 건국신화는 유화 부인이라는 여인을 세상에 선보였다. 유화는 수신水神 하백의 딸로서, 천제의 아들 해모수와 정을 통해 알을 낳게 된다. 이 알에서 태어난 이가 곧 고구려 건국시조 동명성왕인 주몽이다. 주몽 신화는 전형적인 난생신화卵生神話의 형태를 띠고 있다. 태양신을 숭배하던 사람들이 하늘과 가장 가까운 존재로서 새를 숭앙하고 영웅이 그 정기를 받아 탄생한다고 믿는 것이 바로 난생신화이다. 북방계통의 신화들은 대개 이 형식을 띠고 있으며, 이는 신라의 박혁거세나 가야 김수로 신화 등에서도 마찬가지이다.

신라 시조 박혁거세 신화 속에 나타난 여인은 바로 '알영'이다. 박혁거세 재위 5년(기원전 53년) 봄 정월, 알영정閼英井에 나타난 용이 오른쪽 겨드랑이로 낳았다고 한다. 당시 사람들은 혁거세뿐 아니라 알영 역시 이성二聖으로 높이 칭송했다. 실제 그녀는 덕이 높은 왕비로서 신라 사람들로부터 많은 사랑을 받은 국모였던 것 같다. 이는 신라 사신 호공이 마한馬韓에 파견되어 했던 말에서도 여실히 드러난다.

　호공은 "우리나라에서는 이성이 건국한 이래 온 나라가 안정되었으며 천후天候가 순조로워 곡물이 창고에 가득하며 사람들은 서로 공경하고 양보한다. 때문에 진한의 유민을 비롯하여 변한, 낙랑, 왜인에 이르기까지 신라를 공경하지 않는 나라가 없다"고 자랑하고 있다. 그만큼 시조왕과 알영왕비의 인망이 높고 그 공덕이 컸음을 드러내고 있는 것이다.

　고대 신화 속 인물 가운데 가장 흥미로운 존재는 가야국 김수로왕의 왕비인 '허황옥'일 것이다. 가야 땅에 배를 타고 나타난 그녀는 김수로왕 앞에서 자신을 아유타국阿踰陁國의 공주라고 소개했다. 이 나라가 어디인가를 두고 오랫동안 논란이 일었지만, 지금은 인도 고대 왕국의 하나였던 '아요디아'가 아닐까 추측되고 있다. 특히 쌍둥이처럼 생긴 물고기를 섬기는 쌍어雙魚 신앙 등 두 문화의 유사성이 매우 높다는 사실은 이 주장의 설득력을 높이고 있다. 서기 1세기 중반 아요디아는 월지족의 침략으로 큰 전란에 휩싸였는데, 그 왕족들이 중국으로 건너왔다가 정착하지 못하고 긴 항해 끝에 가야에 도착했다는 것이다. 실제로 이것이 가야 건국신화의 배경이 되었을 가능성이 높다.

　허황옥은 김수로왕과의 사이에 열 명의 아들과 두 명의 딸을 두었다. 이들은 자식들 중 둘째, 셋째에게 허씨 성을 붙여주었는데, 지금도 김해 김씨와 김해 허씨는 시조에 대한 공동제사를 지내는 등 서로를 친족으로 대하고 있다 한다.

2 혼란과 발전의 삼국시대

감히 왕을 간택한 여인 우왕후
열녀담 아닌 뜨거운 사랑 이야기 도미 아내
바보와의 사랑 평강공주
향기로우나 열매 맺지 못한 꽃들 한국 역사 속의 세 여왕
초야로 되돌아간 신데렐라 강수의 부인

감히 왕을 간택한 여인
우왕후

왕이 죽던 날 밤에 무슨 일이?

서기 197년 음력 5월, 고국천왕(혹은 국양왕이라고도 한다)이 죽었다. 누구를 다음 왕으로 삼으라는 유언 한 마디 없이 갑작스럽게 죽은 것이다.

아무도 왕의 죽음을 알지 못했다. 오직 그의 왕비인 우왕후于王后만이 이 사실을 알았는데, 무슨 꿍꿍이인지 그녀는 이 엄청난 국가적 비상사태를 혼자만의 비밀로 간직했다.

그리고 그날 밤, 왕후는 몇몇 시종만을 거느리고 왕의 첫 번째 동생인 발기發岐의 집으로 향했다. 느닷없는 왕비의 방문에 발기는 영문을 몰라 어리둥절해 했다. 그런데 마주 앉은 왕후의 입에서 깜작 놀랄 말이 튀어나왔다.

"임금께서 아들이 없으니 누가 왕위를 이을 수 있겠습니까? 만일 임금께서 돌아가시면 그대가 왕위를 이어야 하지 않겠습니까?"

왕의 죽음을 모르는 발기로서는 경천동지할 일이 아닐 수 없었다. 왕의 죽음, 후사……. 하나같이 대역죄인으로 목이 뎅강 잘려나가도 변명의 여지가 없을 낱말들뿐이었다. 발기는 준엄한 목소리로 왕비를 꾸짖었다.

"하늘의 운수는 가는 방향이 정해져 있는 것이니 어찌 경솔하게 입에 담을 수 있겠습니까? 더구나 부인의 몸으로 야밤에 출입하는 것을 어찌 예절에 맞다고 하겠습니까?"

발기의 호통에 우왕후는 큰 수치심과 분노를 느끼며 자리에서 일어났다.

하지만 이번에도 왕후의 발길은 궁궐이 아니라 왕의 둘째 동생인 연우延優의 집으로 향했다. 연우도 어리둥절하기는 마찬가지였지만 뭔가 큰일이 생겼음을 직감했다. 그는 부랴부랴 잔치를 베풀어 형수를 맞았다. 과연 왕후의 입에서는 엄청난 말들이 흘러나왔다.

"대왕께서 돌아가셨습니다. 보위를 물려받을 아들이 없으니 맏아우 발기가 마땅히 뒤를 이어야 할 것입니다. 하지만 그는 저에게 딴 마음이 있다고 생각했는지 무례하고 오만하게 대접하더군요. 그래서 그대에게 온 것입니다."

연우는 즉각 상황을 알아차렸다. 생각지도 못한 대권이 넝쿨째 그의 품으로 굴러들어오고 있었던 것이다. 연우는 더욱 예절을 다하여 왕후를 모셨다. 직접 칼을 들고 왕후에게 고기를 썰어주다가 손가락을 다치기까지 했다. 왕후가 허리띠를 풀어 그의 다친 손가락을 감싸주었다. 그렇게 둘 사이에 미묘한 분위기가 만들어졌다.

이윽고 왕후가 궁궐로 돌아가려 했다. 그녀는 연우에게 속삭였다.

"밤이 깊어 뜻하지 않은 일이 생길까 염려됩니다. 그대가 나를 대궐까지 데려다 주시길 바랍니다."

연우는 고개를 끄덕였다. 그렇게 연우는 창졸간에 왕후의 손을 잡고 대궐로 들어가게 되었다.

이상이 『삼국사기』「고구려본기」에 실린, 고국천왕이 죽던 날 밤에 생긴 일이다. 연우는 그 길로 왕위에 올라 고구려 10대 산상왕이 되었다. 또한 우왕후는 이번에는 산상왕의 비가 되어 두 임금을 차례로 모시는 진기록의 주인공이 되었다. 역사는 밤에 이뤄졌던 것이다.

도대체 왜 이런 일이?

발기로서는 진정 억울한 일이 아닐 수 없었을 것이다. 왕이 죽은 사실을 모르는데 "옳습니다, 제가 왕위를 물려받아야 합죠"라고 말할 수는 없는 노릇 아닌가? 그의 말마따나 하늘의 운수는 정해진 방향대로 흘러가는 법이요, 인간의 힘으로는 어쩔 수 없는 일임이 맞았다.

이처럼 긴박하기도 하고 어이없기도 한 일이 생긴 이유는 무얼까? 앞서 언급했듯 고국천왕과 우왕후 사이에 자식이 없었기 때문이다. 어느 쪽에 문제가 있었는지는 알려진 것이 없다(산상왕과의 사이에서도 자식이 없는 것으로 보아 우왕후의 문제일 수도 있다. 하지만 이때 우왕후의 나이는 이미 사십 줄에 접어든 상태였다. 고국천왕이 다른 왕비와의 사이에서도 아이를 갖지 못한 것으로 보아 그에게 문제가 있었던 게 아닐까 생각된다). 어쨌든 이런 상황은 우왕후에게 치명적인 악재가 분명했다. 아들이 없으니 동생 중 하나가 왕위를 이어야 했는데, 그 순간 우왕후는 이제껏 왕비로서 누려온 모든 영화를 잃을 가능성이 컸다. 그녀의 뒤에는 연나부라는 든든한 배경이 있었으므로, 궁궐 밖으로 내쳐지는 일 따위야 없을 것이다. 그러나 권모술수가 난무하는 왕궁 안에서 지아비, 아들이라는 든든한 울타리도 없이 어떤 횡액을 당할지 누가 알 수 있겠는가.

이렇게 보면 우왕후의 행동은 본능에 따른 것으로 봐야 옳을 것이다. 그녀는 날카로운 동물적 감각으로 위험을 감지하고 생존을 향한 자구책을 모색했던 것이다. 단, 그녀는 이 일을 가장 여걸다운 방식으로 처리하였다. 왕의 죽음을 비밀로 하고, 왕비를 간택하듯 왕을 고르는 행동은 제아무리 간 큰 남자라도 쉽게 해낼 수 없는 일이다. 여인의 몸으로 그걸 해냈다는 건 그녀에게 남다른 배포와 뛰어난 정치적 감각이 있었음을 이야기해준다.

물론 그녀는 권력욕이 매우 강한 여성이었다. 그래서인지 사서史書는 그녀의 행동을 모질게 비판한다. 하지만 이는 남존여비사상의 입장에서 바라본 편견일 뿐, 남자로 태어났다면 그녀는 능히 한 국가를 경영할 만한 걸인傑人이었을지도 모를 일이다.

발기의 분노와 형제간의 전쟁

이처럼 비정상적인 방법으로 결정된 왕위에 뒤탈이 없을 리 없었다. 받아놓은 밥상을 누군가 때려엎은 꼴이었으니 발기로서도 그냥 참을 수는 없었을 것이다. 그는 휘하의 병력과 비류부(소노부)의 지원을 얻어 당장 궁궐로 쳐들어갔다. 그러나 연우는 문을 꽁꽁 닫아걸고 아무런 대꾸도 하지 않았다. 더욱 화가 치민 발기는 고래고래 소리를 질렀다.

"형이 죽으면 다음 아우가 왕이 되는 게 예법이거늘, 네가 차례를 어기고 왕위를 찬탈하는 것은 큰 죄악이니 빨리 나오라. 그렇지 않으면 너의 처자들까지 죽이겠다."

그래도 아무 반응이 보이지 않자 발기는 연우의 처자를 무참하게 죽여버렸다. 그러나 이 일은 발기의 치명적인 실수였다.

우왕후는 궁궐로 들어간 다음날 새벽 선왕의 유지遺志를 내세워 연우를 왕위에 올렸다. 군신群臣들도 놀라기는 했지만 왕의 유언이라는데 따르지 않을 이유가 없었다. 백성들 역시 마찬가지였다. 이미 끝난 일을 두고 분란을 일으키며 죄 없는 처자식을 죽이기까지 하니 민심이 나빠지는 것은 당연했다. 사서는 "백성들도 발기를 따르는 자가 없었다. 발기는 성사되기 어려움을 알고, 처자들과 함께 요동으로 도망쳤다"고 당시의 상황을 전하고 있다.

하지만 왕위에 대한 발기의 집착은 거기서 끝나지 않았다. 요동태수 공손도를 찾아간 그는 고구려의 분란을 평정하겠다는 구실로 3만 명의 군사를 빌려 돌아왔다.

연우는 동생 계수에게 군사를 주어 발기의 공격을 막도록 했다. 사서는 이때의 일을 다음과 같이 적고 있다.

연우가 아우 계수에게 군사를 주어 요동에서 오는 군사를 막게 했다. 한나라 군사가 크게 패하고, 계수가 선봉이 되어 도망가는 군사를 추격했다. 발기가 계수에게 말했다.
"네가 오늘 정말로 늙은 형을 죽이겠느냐?"
계수가 형제간의 정리를 버릴 수 없어 차마 죽이지 못하고 말했다.
"연우가 왕위를 사양하지 않은 것은 비록 옳은 행동은 아니지만, 형이 한때의 분한 생각을 못 이겨 나라를 멸망시키려는 건 무슨 뜻이오? 죽은 후에 무슨 면목으로 조상들을 대하려 하오?"
이 말을 들은 발기는 부끄러움과 뉘우침을 견딜 수 없어 배천으로 도망쳐 스스로 목을 찔러 자결했다. 계수는 슬피 울며 발기의 시체를 거두어 초빈草殯(시신을 임시로 안치하는 것)을 하고 돌아왔다.

연우, 아니 산상왕은 발기의 죽음에 기쁨과 슬픔이 교차하는 묘한 감정을 느꼈다고 한다. 그는 계수의 청에 따라 발기의 장례를 후하게 치르는 것으로 형의 죽음에 예를 갖췄다.

돼지 때문에 아들을 얻은 산상왕

이것이 산상왕의 즉위 전말이다. 이후 산상왕은 비교적 안정된 왕위를 누렸던 것 같다. 그러나 죽은 발기의 원혼이 복수를 하고 있음인지 불행은 계속됐다. 산상왕과 우왕후 사이에도 아이가 생기지 않았던 것이다.

왕조 시대에 후사가 없다는 것은 국가적인 재난 상태와 같다. 산상왕으로서도 엄청난 스트레스를 받을 일이었을 것이다. 아들 없는 형 때문에 어떤 일이 벌어졌는지를 잘 알고 있는 그로서는 더욱 고민일 수밖에 없었다. 그러나 자신을 왕위에 올려준 우왕후의 눈치를 보느라 그는 후궁조차 마음대로 얻을 형편이 아니었던 것 같다.

사서에는 산상왕 7년, 왕의 꿈에 신령이 나타나 "너의 소후小后로 하여금 아들을 낳게 할 것이니 걱정하지 말아라" 하고 말했다는 내용이 나온다. 꿈에서조차 아들을 바랄 정도로 그의 처지가 절박했음을 짐작할 수 있다. 문제는 아들을 낳아줄 소후가 없다는 사실이었다. 그런데 그 꿈이 그저 백일몽은 아니었던 듯, 오래지 않아 소후감이 진짜로 나타나게 된다.

산상왕 12년 겨울, 교제郊祭(나라에서 하늘과 땅에 지내는 제사)에 쓸 돼지가 탈출하는 소동이 벌어진다. 얼마나 날랜 돼지였는지는 몰라도, 주통촌이라는 곳에 이르러서도 이리저리 날뛰며 잡히지를 않았다. 그런데 20세가량 되는 얼굴이 아름다운 처녀가 웃으며 나타나 돼지를 잡아주었다.

이 이야기를 듣고 이상하게 여긴 왕이 평복을 입고 밤에 여자의 집으로 찾아갔다. 왕이 여인과 동침하려 하니 그녀가 말하기를 "대왕의 명을 피할 수 없으니, 만약 아이를 갖게 되면 버리지 말기를 원합니다"라고 했다. 왕이 승낙하였다. 자정이 되자 왕이 일어나 환궁하였다.

고구려 제11대 임금 동천왕은 그렇게 해서 태어났다. 그의 아명兒名이 '멧돼지'라는 뜻을 가진 '교체郊彘'인 것도 바로 그 때문이다.

그런데 여기에도 우여곡절이 있었다. 주통촌의 여인이 임신했다는 사실을 알게 된 우왕후가 군사를 보내 그녀와 아이를 죽여버리려 했던 것이다. 그러나 왕의 자식을 죽이려느냐는 여인의 호통에 병사들은 뜻을 이룰 수 없었다. 이 사실을 전해들은 산상왕은 여인을 궁궐로 불러들여 무사히 아이를 낳을 수 있게 했다. 그녀가 아들을 낳자 왕은 크게 기뻐하며 태자로 삼고 여인도 소후로 봉했다. 마침내 오랜 숙원을 이룬 것이다.

그래도 조강지부糟糠之夫에 대한 미안함은 잊지 않았다

우왕후의 시기심과 까칠한 성격도 보통은 넘었던 것 같다. 산상왕이 죽고 동천왕이 즉위한 뒤에까지 사사건건 시빗거리를 만들고 있기 때문이다.

즉위 이듬해 동천왕은 우왕후를 황태후로 봉했다. 그래도 우왕후는 동천왕이 자신을 해치려 들 것이라는 의심을 풀지 못했다. 한때 자신이 죽이려 했고, 이후로도 결코 좋은 감정으로 동천왕 모자를 대하지는 않았을 테니 뒤끝이 켕겨서라도 어쩔 수 없는 일이었을 게다.

하루는 동천왕이 유람을 나가자 우왕후는 왕이 아끼는 말의 갈기를 몽땅 잘라버렸다. 왕의 반응을 시험해보기 위해서였다. 하지만 이 모습을 본 동천왕은 혀를 차며 "갈기가 없어졌으니 너 참 가련하구나" 하고 말았을 뿐이었다. 또 하루는 왕의 수랏상을 차리던 궁녀를 시켜 일부러 왕의 옷에 국물을 쏟게 했다. 그래도 동천왕은 성내지 않았다. 우왕후가 시킨 일인 줄 알고 있었기 때문이다. 그처럼 동천왕은 천성이 착한 사람이었다. 사서에도 "왕은 성품이 너그럽고 인자하였다"고 기록되어 있다.

동천왕 8년(234년) 9월, 우왕후는 마침내 파란만장한 생애를 마감했다. 인생무상人生無常이야말로 더없는 진리라고, 세상을 떠나는 그녀에게도 모두가 부질없는 것으로 비쳐졌을 게다. 자신에 대한 세상의 나쁜 평판을 남겨두고 떠나는 것이 못내 마음에 걸렸던 모양인지, 그녀는 이렇게 유언을 남겼다.

"내가 행실이 좋지 않았으니, 무슨 면목으로 지하의 국양왕(고국천왕)을 보겠는가? 만약 여러 신하들이 계곡이나 구덩이에 내 시신을 버리지 못하겠거든, 나를 산상왕 옆에 묻어다오."

이 세상 하직을 눈앞에 둔 순간 첫 남편에 대한 죄스런 마음을 짙게 표현한 것이다. 아니 어쩌면 그녀는 정작 자신이 옆에 묻히고 싶은 사람은 고국천왕이라는 바람을 역설적으로 표현한 것이었는지도 모르겠다. 수구초심首丘初心. 짐승도 죽을 때는 따뜻한 곳을 찾는다 했으니, 그녀의 가장 따뜻한 자리는 역시 조강지부의 옆자리였던 것일까.

그러나 고국천왕의 생각은 좀 달랐던 것 같다. 신하들은 우왕후의 유언대로 산상왕릉 옆에 묏자리를 마련했다. 이들의 무덤은 고국천왕의 능과 그리 멀지 않은 곳에 있었던 것 같다. 다음날 신관(왕실의 무당)이 동천왕을 찾아와 말했다.

"선제께서 제게 내려와 말씀하시기를 '어제 우씨가 산상왕에게 가는 것을 보고는 분함을 참을 수 없어서 우씨와 다투었다. 돌아와 생각하니 낯이 뜨거워 차마 백성들을 대할 수 없구나. 네가 조정에 알려서 내 무덤을 저들에게서 가려다오'라고 하셨습니다."

이렇게 하여 고국천왕의 능 앞에는 일곱 겹의 소나무가 심어지게 되었다.

아무리 동생이라 해도 자기 부인이 다른 남자의 차지가 됨을 보는 건 기분 좋을 수 없을 것이다. 하물며 우왕후의 경우는 스스로 나서서 설쳐댄 꼴이었으니 더욱 눈 밖에 날 수밖에. 게다가 동생들이 서로 죽고 죽이는 분쟁의 빌미를 만들었으니 고국천왕으로서는 더욱 용서가 힘들었을지도 모른다.

끝나지 않는 악녀 이야기 혹은 우왕후를 위한 변명

왕조 시대에 무엄하게도 남자 왕을 간택한 왕비. 듣기만 해도 악녀의 이미지가 저절로 떠오를 만하다. 더구나 우왕후는 형제 사이에 일어난 골육상쟁의 씨앗이며, 뱃속의 아이까지 죽이려 했다. 이 같은 행동은 그녀에게 덧씌워진 악녀 이미지를 더욱 굳게 했다. 그러나 우왕후를 변명할 여지가 없는 것도 아니다.

우선 형제간에 일어난 분쟁, 더 정확히 말하면 우왕후가 형제를 남편으로 삼았다는 '패륜행각'과 관련해서다. 사서를 편찬한 유학자들의 관점, 혹은 오늘의 관점으로 보면 당연히 있을 수 없는 일이지만 당시에는 그렇지 않았다.

형사취수제兄死娶嫂制(형이 죽었을 때 형수를 동생이 아내로 삼던 풍습)는 당시 유목민들의 일반적인 결혼풍습으로, 남편을 잃고 생계가 곤란한 여성과 그 자식들을 배려하기 위한 제도이기도 했다. 고구려가 유목민의 나라였음을 생각해본다면 우왕후가 연우를 남편으로 삼은 것은 그리 흠잡을 일이 못 된다. 다만 그녀가 왕비였고, 그 결과가 골육상쟁이라는 최악의 상황으로 발전했기에 문제가 된 것인데, 이 또한 냉혹한 권력의 생리를 생각해볼 때 이해 못할 일도 아닐 것이다.

뱃속의 아이까지 죽이려 한 냉혹한 여자라는 평가 역시 그렇다. 자고로 권력을 위해 배우자는 물론 부모형제, 심지어 자기 자식까지 죽인 남자들이 얼마나 많은가. 인간적으로는 몹쓸 짓이지만 권력이라는 관점에서 보면 오히려 구국의 결단이었다고 칭송받는 경우까지 있다. 그런데 우왕후가 권력욕을 가져서는 안 되며 자신에게 닥친 모든 상황에 고분고분 따라야 했다고 주장해야 옳을 것인가. 여자라서?

세상에 악녀에 대한 이야기는 넘치는 반면 악남惡男에 관한 이야기가 없는 이유는 분명하다. 악녀담의 주인공들은 세인들의 흥미를 돋우지만, 정작 그 실상은 알려진 바와 다른 경우가 너무 많다. 이 정도로도 우왕후를 위한 변명으로는 충분하지 않을까 한다.

어쨌든 우왕후의 파란만장한 일대기는 끝이 났고, 그녀의 이야기는 수천 년이 지난 오늘까지 사람들 입에 오르내리고 있다. 여러 비판에도 불구하고 그녀가 스스로 자기 운명을 개척해나간 여걸풍의 여인이었다는 점을 부정할 사람은 없을 것이다. 오히려 자신의 욕망에 솔직했고, 또 자신 안에 존재했던 권력의지를 남김없이 발휘한 그녀는 한마디로 '유감' 없는 생애를 보냈다고 말할 수 있다.

남·은·이·야·기
백성에게 인기가 많았던 고국천왕

고구려 9대 임금인 고국천왕(재위 179~197년)은 백성들에게 인기가 많은 왕이었다고 한다. 『삼국사기』는 그에 대하여 "키가 9척이요, 풍채가 웅장하며 힘이 셌고, 일의 처리에 있어서 관용과 예리함을 겸비하였다"고 평하고 있다.

한마디로 문무를 겸비한 왕이었다는 칭찬인데, 실제로 그는 밖으로는 후한後漢과의 결전에서 승리하고, 안으로는 백성들의 곤궁한 삶을 굽어살피는 애민군주愛民君主였다고 알려져 있다. 이는 즉위 12년 연나부 4대족이 일으킨 반란에서도 잘 드러난다. 고국천왕은 이들이 아녀자를 겁탈하고 남의 땅과 집을 갈취하는 등 백성의 원성을 사자 처형을 명령했고, 이에 좌가려 등의 인물이 모반을 감행했다고 사서에 나와 있다.

고국천왕의 애민 정신은 명재상으로 알려진 을파소를 중용함으로써 더욱 높은 평가를 받았다. 을파소는 압록곡 좌물촌 출신의 인물이었는데, 고국천왕은 미천한 그의 신분을 무시하고 중외대부라는 파격적인 벼슬을 내린 뒤 스스로 바람막이가 되어주었다. 김부식도 이 일에 대하여 "왕이 용단을 내려 을파소를 바닷가에서 발탁하고, 중론에 구애받지 않고 그를 백관의 윗자리에 임용하였으며, 또한 천거한 자에게까지 상을 주었으니, 가히 옛 임금들의 법도를 체득하였다고 말할 수 있다"고 극찬하고 있다.

즉위 16년 기상이변으로 백성들이 굶주리자 고국천왕은 "내가 백성의 부모가 되어 이러한 지경에 이르게 하였으니, 이것은 나의 죄이다"라고 크게 자책했다. 을파소는 이때 진대법賑貸法을 실시하여 기아에 시달리는 백성들을 구했다. 진대법이란 굶주린 백성들에게 무상으로 곡식을 대어주거나, 3~7월까지 나라의 곡식을 빌려주었다가 10월에 갚도록 한 제도이다. 이것은 세계 최초의 사회보장제도로 뒤이어 들어선 왕조들도 이를 참고하여 제도를 마련, 많은 백성들을 구제했다. 이처럼 고국천왕이 인기 많은 왕이었기에 백성들은 우왕후의 배신에 더욱 곱지 않은 시선을 보냈을지도 모르겠다.

그 시절 그녀들의 삶

삼국시대 여성들은 정절을 얼마나 잘 지켰을까?

삼국시대에는 법률과 각종 사회적 관습으로 여성의 순결을 강요했다. 하지만 전해 오는 이야기를 볼 때 당시 여성들은 남성들의 기대만큼 정절을 사수하기 위해 노력했던 것 같지는 않다.

하나의 예로 『삼국유사』에 소개된 '처용 설화'를 들 수 있다. 처용은 신라 헌강왕 때의 기인寄人으로 동해 용왕의 아들로 알려졌는데, 어느 날 밤늦도록 놀다 집으로 돌아와 보니 역신疫神이 아내와 간통하고 있었다. 그러나 처용은 이 장면을 본 뒤에도 노래〈처용가〉를 지어 부를 뿐 화를 내지 않아 오히려 역신을 감화시켰다고 한다.

이 설화를 통해 보더라도 당시 사회에서 남편 있는 유부녀의 부정은 그리 드물지 않았던 것 같다. 실제로 신라 유적지에서 발굴된 각종 성행위 장면을 담은 토우와 안압지에서 발굴된 남근 모양의 여성용 자위기구 등을 볼 때 당시 사회는 성에 대해 매우 개방적이었음을 알 수 있다. 이와 같은 개방적인 사회에서 남녀를 불문하고 정절을 지켜나가기란 그리 쉽지 않은 일이었을 것이다.

한편 당시 여성들의 정절이 남편의 생전에 국한된 것이었다는 재미있는 견해도 있다. 『삼국유사』에 전하는 '도화랑'은 두 남편을 섬길 수 없다며 왕의 수청 요구를 거절했다가 남편과 왕이 모두 죽자 왕의 혼령과 관계해 아들을 낳는다. 또 도미의 아내 역시 "남편이 죽었으니 수청을 들라"는 개로왕의 요구에 "그렇다면 혼자 살 수는 없다"고 답한다. 이와 같은 이야기를 통해 당시 여성들의 정조관이 어떤 것이었는지를 어렴풋이나마 짐작할 수 있다.

도미 아내

열녀담 아닌 뜨거운 사랑 이야기

인간의 자유를 추구한 여인들

　사랑하는 남자를 위해 목숨처럼 자신의 정조를 사수死守한 열녀 이야기가 한국의 사서에는 의외로 많이 남아 있다. 이는 사서를 쓴 사람들이 남성 유학자였다는 사실과 무관치 않을 것이다. 이들은 유교 이데올로기에 따라 여성들을 '정조'의 틀에 가둬놓는 데 심혈을 기울였다. 그렇듯 여자들이 바람피울 걱정을 붙들어놓은 뒤 자신들은 넘칠 만큼 자유롭게 성을 향유했다.
　하지만 그와 같은 한계를 감안하고서 읽어봐도 사서에 실린 열녀들의 삶은 지극히 아름답다. 이데올로기 이전에 그들은 인간 본연의 감성을 지극히 순수하게 추구했기 때문이다. 그들에게 중요한 것은 물질도 아니요 부귀영화도 아니었다. 오직 모든 것을 다 바쳐 자신의 사랑을 완성시키고자 하는 숭고한 열정이었다. 그런 지극한 감정이 반영되어 있기에 그들의 이야기는 오늘날까지 짙은 향기를 잃지 않았을 것이다.

인간 본연의 감정을 추구하는 일은 늘 제도니 사회니 하는 것들과 맞붙어 갈등을 일으킬 수밖에 없다. 열녀담의 주인공들이 대개 가난한 민중의 딸이고, 그들을 억압하는 것이 사회 제도나 그에 빌붙은 세도가들인 건 결코 우연이 아니다. 그런 면에서 보면 이들 열녀는 봉건적 압제에 대항해서 사랑할 수 있는 자유, 혹은 인간의 자유 그 자체를 초지일관 추구한 자유인들이라고 할 수 있을 것이다. 『삼국사기』 「열전」에 수록된 '도미 아내' 역시 그런 인물 가운데 하나이다.

'도미 아내' 이야기

도미_{都彌}는 백제의 서울인 한성에 살았던 사람이다. 그는 보잘 것 없는 일개 서민이었지만 덕망이 높아 주위 사람들로부터 칭송을 받았다. 그런 도미에게는 아름답고도 행실 곧은 아내가 있어 더욱 부러움을 샀다. 이 아름다운 부부의 사랑 이야기는 곧 세상에 퍼져 개로왕의 귀에까지 들어가게 됐다. 개로왕은 이들 부부의 사랑을 시험해보고자 했다.

하루는 왕이 도미를 불러 말했다.

"대체로 부인의 덕은 정절을 으뜸으로 친다. 그러나 만일 어둡고 사람이 없는 곳에서 달콤한 말로 유혹하면 마음이 흔들리지 않을 사람이 어디 있겠느냐."

아내에 대한 믿음으로 가득한 도미는 자신 있게 대답했다.

"사람의 정은 헤아릴 수 없지만 신의 아내 같은 사람은 죽더라도 변하지 않을 것입니다."

불행히도 이 자신 있는 대답은 왕의 승부욕을 자극했다.

개로왕은 적당한 일을 핑계로 도미를 궁궐에 붙잡아 두었다. 그리고는 가까운 신하에게 왕의 옷과 말, 종자를 내주어 도미의 집으로 가게 했다. 밤이 이슥해지자 집으로 들어간 가짜 왕은 도미의 아내에게 말했다.

"오래 전부터 네가 예쁘다는 말을 들었다. 그래서 도미와 내기를 하여 내가 이긴 즉, 내일 너를 데려다가 궁인宮人으로 삼게 됐다. 지금부터 네 몸은 내 것이다."

말을 마친 가짜 왕은 도미의 아내에게 덤벼들었다. 도미의 아내가 뿌리치며 말했다.

"임금님은 헛된 말을 하지 않을 것이니 제가 어찌 순종하지 않겠습니까? 원하옵건대 대왕께서는 먼저 방에 들어가소서. 저는 옷을 갈아입고 들어가겠나이다."

그러고는 물러 나와 어여쁜 여종 하나를 단장시켜 왕을 모시게 했다.

그날 밤은 무사히 넘어갔으나 이 사실은 곧 개로왕의 귀에 들어갔다. 불같이 화가 난 왕은 도미를 죄인으로 끌어냈다. 그리고 두 눈을 뽑아버린 뒤 사람을 시켜 끌어내고 조그마한 배에 실어 강 위에 띄워 보냈다.

그런 뒤 개로왕은 마침내 도미 아내를 궁궐로 불러들였다. 왕이 자신을 억지로 범하려 하자 그녀는 애원했다.

"이제 남편을 잃어 혼자된 몸으로 어찌 왕을 거역하겠습니까? 그러나 지금은 제가 월경으로 온몸이 더러우니 몸을 정갈히 한 뒤 다른 날을 기약하여 오겠습니다."

감히 자신을 거역할 수 없으리라 생각한 개로왕은 이를 허락했다.

도미의 아내는 궁궐에서 나오자마자 도망쳐 강 어귀로 갔다. 그러나 강을 건널 수 없어서 하늘을 우러러 통곡했다. 그때 갑자기 배 한 척이 물결을 따라 다가왔다. 도미 아내는 그 배를 타고 천성도泉城島에 이르게 되었다.

그런데 뜻밖에도 그곳에는 눈먼 도미가 있었다. 아직 죽지 않고 풀뿌리를 캐먹으며 연명하고 있었던 것이다. 두 사람은 부둥켜안은 채 뜨거운 눈물을 흘렸다.

우여곡절 끝에 해후한 두 사람은 배를 타고 고구려의 산산에 도착했다. 그들의 사정을 알게 된 고구려 사람들은 모두 두 사람을 불쌍히 여겨 옷과 밥을 내주었다. 그리하여 두 사람은 고구려에서 구차하게 살다가 낯선 곳에서 일생을 마치게 되었다.

열녀담 아닌 열애담

『삼국사기』에 실린 '도미 아내'의 이야기는 대략 이와 같다.

아름답고 행실 바른 소민小民의 아내와 방약무인하게 행동하는 권력자, 권력에 대항하여 끝까지 자신의 사랑을 지켜내는 슬기롭고 당찬 여인의 이야기. 심금을 울리는 것은 "두 사람은 구차하게 살다가 일생을 마쳤다"는 구절이다. 밭 한 뙈기 없는 고구려 땅에서 그들은 뿌리 뽑힌 잡초 신세와도 같았을 것이다. 아마 도미의 아내는 눈먼 남편을 대신하여 구걸하며 연명했을 텐데, 그럼에도 그녀가 택한 삶의 아름다움은 전혀 훼손되지 않는다. 사랑하는 이와 일생을 함께 할 수 있었으므로 그녀는 행복했을 것이기 때문이다.

이렇게 보면 이 이야기는 단지 '정조'가 아니라 열렬한 사랑 이야기로 읽히는 데 전혀 무리가 없다. 도미의 아내가 목숨을 내걸고 지키려 했던 것은 정조 이전의 가장 본질적인 문제, 사랑이기도 했던 것이다. 나아가 그녀는 여성으로서 자신의 주체성까지 지켜낸 열정적인 사랑의 화신이었음을 알 수 있다. 그래서 이 이야기는 열녀담 아닌 뜨거운 사랑 이야기, 곧 열애담熱愛談으로 읽히는 편이 훨씬 자연스럽다. 인간(여성) 본연의 감정을 맑은 눈으로 들여다보는 데 이데올로기가 만든 거품은 오히려 방해가 되기 때문이다.

'도미의 아내' 말고도 삼국시대에는 지고지순하게 자신의 사랑을 지켜낸 여인들이 많다. 『삼국사기』 '설씨전'에 실린 '설씨의 딸' 역시 그런 인물이었다.

'설씨의 딸'은 신라 진평왕 때 살았던 경주 율리의 한 여인이었다. 그녀는 환갑이 넘은 아버지와 가난하지만 행복한 삶을 살고 있었다. 그러던 어느 날, 이미 군역軍役을 면한 줄 알았던 아버지에게 3년간의 징집 명령이 떨어진다. 고을의 부잣집 도령 대신 군대에 보내려고 누군가 뇌물을 썼던 것이다. 문제는 삼국이 한창 각축을 벌이던 그때에 늙은 아비가 살아 돌아올 가망성이 전혀 없다는 사실이었다.

슬픔에 잠긴 부녀 앞에 나타난 이는 이웃 동리에 사는 가실嘉實이란 총각이었다. 그는 정의로운 청년으로 부녀가 당한 억울한 일을 모두 지켜보던 중이었다. 그는 자청하여 설씨 대신 자신이 군역을 치르기로 했고, 마침내 길을 떠나게 됐다.

그날 설씨의 딸은 깨진 거울 한쪽을 가실에게 내밀었다. 3년의 군역을 마치고 무사히 돌아온 뒤 서로의 마음이 변치 않았음을 거울로 맞춰보자는 뜻이었다. 이른바 '파경합일破鏡合一'의 예를 치르자는 약조였다. 두 사람 사이에는 이미 연정이 무르익고 있었던 것이다.

그러나 가실은 3년이 지나고 또 3년이 흘러도 돌아오지 않았다. 모두들 가실의 귀환을 포기했고 설씨의 딸은 강제로 혼인할 위기에 처했다. 그런데 설씨의 딸이 가실이 남겨두고 간 말을 타고 도망치려 할 때 기적이 일어났다. 소식 한 장 없이 깜깜무소식이던 가실이 마침내 돌아온 것이다. 가실의 모습은 너무 변해 있어서 아무도 알아보지 못했지만 품속에서 나온 거울 한 조각은 그가 틀림없는 가실임을 알려주었다. 그리하여 두 사람은 혼례를 치르고 오래도록 행복하게 살 수 있었다고 한다.

설씨의 딸 역시 자신의 사랑을 지켜내려는 강인한 모습을 한시도 버리지 않았음을 알 수 있다. 이처럼 역경 속에 피어난 한 떨기 꽃과 같은 모습에서, 여성이 주도하는 아름답고도 뜨거운 러브 스토리를 발견하기란 그리 어려운 일이 아니다.

개방적인 시대를 살았던 '보수파' 그녀들

재미있는 사실은 유학자 김부식이 반한 열녀담의 주인공들이 모두 성개방 사회를 살아간 인물들이었다는 점이다. 도미의 아내와 설씨 딸이 살았던 백제와 신라 사회 모두가 오늘의 잣대로는 평가하기 힘들 만큼 성에 관대한 사회였기 때문이다. 이때는 아직 유·불교의 영향이 깊숙이 자리잡기 전이라 보다 전통적이고 인간 친화적인 문화들이 강할 수밖에 없었다.

『화랑세기』라는 책은 당시의 상황을 잘 보여준다. 이 책은 화랑이라는 존재를 통해 진골 귀족의 역사를 살펴본 것으로, 통일신라 때의 문장가인 김대문이 지었다고 알려져 있다. 그러나 1989년 요약본이 발견된 이래(필사본 전체는 1995년에 발견되었고 진본은 아직 발견되지 않았다) 위서僞書 여부를 놓고 아직까지 논란이 그치지 않고 있다.

사람들이 이 책에 대해 거부감을 보인 이유 중 하나가 너무나도 문란한 귀족들의 성생활 때문이었다고 한다. 이제껏 우리가 알던 화랑의 이미지와는 너무나도 동떨어져 큰 당혹감마저 불러일으키는 에피소드가 한둘이 아니었기 때문이다. 한마디로 '그랬을 리 없다'는 고정관념의 틀을 여지없이 깼던 것이다.

『화랑세기』를 통해 세상에 데뷔한 최고의 스타는 미실이라는 여인이다. 그녀는 당대의 절세가인이었다. 그녀의 품을 거쳐간 남자만 해도 진흥왕, 진지왕, 진평왕 등의 임금은 물론 세종, 설원랑 등 끝이 없을 정도다. 한마디로 미색을 무기로 뭇 남성들을 치마폭 안에서 쥐고 흔들던 여인이었다.

미실의 성적 방종을 단지 상류 사회의 것이었다고만 단정지을 수도 없다. 대개 성의 개방 정도는 엄격한 격식을 차리는 상류층보다는 하층계급에서 보다 인간적이고 거침없이 나타나는 게 보통이기 때문이다. 다산多産을 미덕으로 여기고 여성의 성능력을 신성시하는 사회의식도 이런 경향을 부추겼을 것이다. 그렇게 보면 도미 아내나 설씨녀의 경우는 아주 특별한 경우였는지도 모른다. 개방사회를 살아가면서도 자신의 신념을 버리지 않는 보수파라고 부를 수 있을지도 모르겠다.

성의 문제는 십인십색十人十色, 백인백색百人百色일 수밖에 없다. 미실 같은 여인이 있으면 도미의 아내나 설씨의 딸과 같은 인물도 있다. 어느 쪽이 맞는지는 모르겠지만 어쨌든 미실 같은 특수한 경우를 한국 여인의 어떤 전형으로 보기는 어렵지 않을까 한다. 오히려 지고지순한 감정으로 씩씩하게 사랑을 지켜간 도미 아내나 설씨녀와 같은 이들이야말로 그런 원형에 훨씬 가깝지 않을까 하는 생각이다.

남·은·이·야·기
신선놀음에 나라 망치는 줄도 몰랐던 개로왕

'신선놀음에 도낏자루 썩는 줄 모른다'는 속담이 있는데, 여기서 신선놀음이란 바둑을 가리킨다. 개로왕 역시 바둑 때문에 나라를 망쳤다는 기록이 있다.

이 무렵 고구려 장수왕은 남진정책을 펴며 호시탐탐 백제를 노리고 있었다. 그는 먼저 백제를 약화시킬 공작을 펴기 위해 도림이라는 승려를 파견했다. 도림은 자신의 뛰어난 바둑 실력을 무기 삼아 개로왕에게 접근했다. 과연 도림의 바둑 실력은 국수國手에 비견될 만큼 신묘했다. 크게 만족한 개로왕은 낮이나 밤이나 도림을 옆에 두고 나랏일을 의논하는 지경에까지 이르렀다. 어느 날 도림은 은밀하게 말했다.

"왕께서는 마땅히 존귀하고 고상한 형세와 실적으로 남의 이목을 움직이게 해야 할 것입니다. 그런데도 성곽은 수리되지 않았고 선왕의 해골은 맨땅에 모셔 놓았으며, 백성의 집은 여러 번 강물에 무너졌으니 신은 대왕을 위해 찬성할 수 없습니다."

이 말을 듣고 깨달은 바 있었던 개로왕은 각종 토목공사를 크게 일으켰다. 이 때문에 국고는 텅 비고 백성들은 곤궁에 시달려 백제의 국세國勢는 점차 약해졌다. 임무를 마친 도림은 고구려로 귀환하고 곧이어 장수왕의 침략이 시작됐다.

백제시대의 초두鐎斗로, 용머리 모양의 손잡이를 지녀 '용수초두'라 부른다. 『태평어람太平御覽』은 초두에 대해 "청동으로 세 개의 다리와 손잡이를 만들어 붙인 북두칠성 모양의 용기로, 용량은 1두斗이고 취사炊事나 온기溫器로 사용된다"고 기록하고 있다. 한성도읍기 백제와 중국 남조와의 교류 및 백제 중앙과 지방간의 유기적인 관계를 파악하는 데 유용한 자료가 되고 있다. 국립중앙박물관 소장.

개로왕은 궁성에서 도망치다 재증걸루, 고이만년이라는 인물에게 붙잡혔다. 그런데 이 두 사람은 개로왕에 반대하다 쫓겨나 고구려로 귀순한 백제 귀족들이었다. 걸루는 개로왕에게 절을 한 다음 세 번 침을 뱉고 죄를 꾸짖었다. 개로왕은 지금의 아차산성으로 끌려가 참수됐다. 백제의 한성도읍 시대가 종말을 고한 데에는 이런 속사정이 숨어 있었다.

그 시절 그녀들의 삶

지아비를 그리워하다 돌이 된 여인

지아비에 대한 사랑이 지나쳐 돌이 된 여인의 이야기도 있다. 신라 충신 박제상 부인의 죽음을 그린 망부석望夫石 설화가 그것이다.

박제상朴堤上(363~419년경)은 신라의 충신으로 알려져 있다. 당시 신라는 국력이 미약하여 왕의 동생을 고구려, 일본에 인질로 보낼 수밖에 없었다. 박제상은 눌지왕의 밀명을 받고 고구려에 있던 복호와 왜국에 있던 미사흔을 구출하고 순국했다. 그의 행적은 『삼국사기』『삼국유사』『일본서기』등에 기록되어 충신의 전형으로 추앙받았다.

그러나 박제상 못지않게 칭송의 대상이 된 사람이 있으니 다름 아닌 그의 부인이었다. 이 부인의 이야기는 『삼국유사』의 「내물왕과 김제상(『삼국유사』에서는 박제상을 김제상으로 표기하고 있다)」편에 실려 있다.

"…… 제상은 이 말을 듣고 두 번 절하여 임금에게 하직하고 말을 탔다. 집에 들르지도 않고 바로 율포栗浦 갯가에 이르렀다. 소식을 들은 아내가 말을 달려 율포까지 쫓아갔으나 지아비는 이미 배에 오른 뒤였다. 아내는 간절하게 남편을 불렀지만 제상은 다만 손을 흔들어 보일 뿐 배를 멈추지 않았다. …… 이에 (부인은) 망덕사望德寺 문 남쪽 사장沙場 위에 주저앉아 길게 부르짖었다. 이런 일이 있었다 하여 그 사장을 장사長沙라고 불렀다. 두 사람의 친척이 부인을 부축하여 돌아오려 하는데, 부인은 다리를 뻗은 채 앉아서 일어나지 않았다. 그래서 그곳을 벌지지伐知旨라고 이르게 되었다. 오랜 뒤, 부인은 남편을 사모하는 마음을 이기지 못하여 세 딸을 데리고 치술령鵄述嶺에 올라 왜국을 바라보고 통곡하다가 죽고 말았다. 그로 인하여 치술신모鵄述神母가 되었는데, 지금도 그를 제사 지내는 사당祠堂이 있다."

이상이 박제상 부인에 관해 전해져 오는 이야기이다. 여기서 치술령은 울산에 있는 곳으로, 산 정상의 바위는 부인이 그곳에 기대어 남편을 그리워하던 곳이라 하여 망부석이라 불리게 되었다고 한다. 그리움에 사무친 그녀 자신이 돌이 되었다고 봐도 좋을 것이다.

바보와의 사랑
평강공주

이상한 사랑 이야기

　예로부터 신분의 차이를 뛰어넘은 사랑은 숱한 전설, 민담, 문학, 음악 등의 단골 주제였다. 사람들은 안 되는 일, 할 수 없는 일에 더욱 열광하는 경향이 있기 때문이다. 게다가 그 안 되는 일이 가슴 시린 사랑 이야기라니 폭발적인 관심을 끌기에 딱 좋은 조건을 갖추고 있는 셈이다.

　그런데 이런 사랑은 그 결말이 비극이든 해피엔딩이든 간에 대체로 남성 편에서 벽을 허물기 위해 주도적으로 움직인 경우가 많다. 예를 들어 일본의 첫 평민 출신 왕비인 쇼다 미치코의 경우도 첫눈에 반한 아키히토 왕의 프로포즈를 받고 우여곡절 끝에 궁궐의 안주인이 될 수 있었다. 이처럼 신분의 벽을 극복하는 문제에서도 여성들은 전통적으로 수동적인 위치에서 벗어나지 못한 게 현실이었다.

그런 면에서 고구려의 평강공주와 온달 이야기는 아주 드물고도 이상한 사랑이 틀림없다. 온달이 아니라 평강공주가 사랑을 이끌어간 주인공이었기 때문이다. 게다가 그들은 단 한 번의 우연한 마주침도 없었다. 구중궁궐九重宮闕에서만 살던 공주는 그저 들려온 풍문에 의해 자신의 운명을 결정했을 뿐이다.

더욱 이상한 것은 온달이란 인물이 재능은 넘치나 신분의 굴레에 갇힌 불행한 평민 청년도 아니었다는 점이다. 온달은 국가적인 '공인公認' 바보이자 거지였다. 이처럼 멸시받던 인물을 저 고귀한 공주가 '간택'했으니 장안의 폭발적인 화젯거리가 될 수밖에 없었을 것이다. 그래서 사서에까지 실리고 오늘도 세인의 입에 오르내리고 있는지 모르겠지만, 어쨌든 평강공주는 여성의 내면에 감춰진 강인함과 가능성을 일깨우는 또 하나의 상징이라는 점에서 큰 흥미를 돋우는 게 사실이다.

울보 공주

고구려 제25대 평강왕平岡王(平原王을 말함, 재위 559~590년) 때의 일이다. 사람들로부터 '바보 온달'이라 불리는 가난한 청년이 살고 있었다. 얼굴은 늙어 보여 우습고, 해어진 옷에 낡은 신발을 신고 온 마을을 돌아다니며 구걸을 해서 눈먼 어머니를 봉양하고 있었다.

인품은 정직하고 밝으며 너그러웠으나 우습게 생긴 외모와 가난한 옷차림 때문에 늘 놀림을 받았다. 거리를 지나가기라도 하면 아이들까지 쫓아와서 '바보 온달' '천치 온달'이라며 놀리는 것이 다반사였고, 어른들도 그의 행색을 비웃으며 멸시하기는 마찬가지였다. 그렇게 '온달'이라는 이름은 '미련스럽고 가난한 바보'의 대명사로 자리 잡게 되었다.

온달의 소문은 순식간에 왕궁에도 전해져 평강왕의 귀에까지 들어갔다. 왕에게는 그야말로 눈에 넣어도 아프지 않을 사랑스런 딸이 하나 있었다. 그런데 이 소녀가 어릴 적부터 대단한 울보여서 왕조차 난처할 때가 많았다. 왕은 공주가 울 때마다 "너는 언제나 울어대기만 하니 내 귀가 다 아플 지경이다. 그렇게 울기만 하면 커서 바보 온달에게 시집 보낼 테다"라며 농담을 하였다. 사랑스런 울보 공주를 달랠 생각으로 왕은 공주가 울 때마다 이렇게 말해 궁중 사람들을 웃겼다. 그런데 이 울보 공주는 그저 짜증 많고 괴팍한 성격을 가진 소녀만은 아니었다.

공주 나이 16세가 되었을 때 왕은 귀족 고씨高氏에게 시집보내기로 마음먹고 그 뜻을 공주에게 전했다. 그러자 공주는 정색을 하며 이렇게 말하는 것이었다.

"아버님은 늘 저를 반드시 온달에게 시집보내겠다고 말씀하지 않으셨습니까? 그런데 왜 지금에 와 그 말씀을 뒤집으시는 것입니까? 예로부터 임금은 식언食言을 하지 않는다고 하였습니다. 저는 아버님의 말씀에 따를 수 없습니다."

평강왕으로서는 청천벽력과 같은 말이 아닐 수 없었다. 무심결에 던졌던 농담이 이렇게 엄청난 결과를 가져올 줄은 미처 예상하지 못했던 것이다. 몇 번이나 좋은 말로 달랬지만 공주는 요지부동이었다. 마침내 평강왕은 크게 분노했다.

"내 말에 따르지 않겠다면 이미 내 딸이 아니다. 어디든지 가고 싶은 곳으로 가거라."

그러자 공주는 수십 개의 보석을 들고 궁전을 나온다.

사랑을 개척하다

궁궐을 나선 공주는 온달의 집이 어디인지를 물어 가까스로 찾아냈다. 그리고 노모에게 절을 한 뒤 온달이 있는 곳을 물었다. 놀란 노모는 이렇게 말했다.

"내 아들은 가난하고 추하므로 귀인이 가까이 할 만한 사람이 못 됩니다. 지금 그대의 냄새를 맡으니 향기가 보통이 아니고 그대의 손은 부드럽기가 솜과 같으니, 필시 천하의 귀인인 듯합니다. 누구의 꾐으로 여기까지 오게 되었소? 내 자식은 굶주림을 참다못하여 느릅나무 껍질을 벗기려고 산속으로 간 지 오래인데 아직 돌아오지 않았습니다."

그러자 공주는 온달을 찾아 산 쪽으로 걸음을 옮기다가 느릅나무 껍질을 짊어진 한 남자를 만났다. 상대가 온달인 것을 확인한 공주는 자초지종을 상세하게 설명했다. 깜짝 놀란 온달은 '아무리 보아도 아름다운 이 여자는 인간이 아니다. 여우나 귀신이 틀림없다'고 생각했다. 진저리를 친 온달은 "아무튼 가까이 다가오지 말라"고 소리치며 집으로 도망쳐 버렸다.

공주는 어쩔 수 없이 싸리문 아래에서 밤을 지새웠다. 다음 날 아침 다시 집 안으로 들어간 공주는 온달 모자에게 자신의 속마음을 털어놓았다. 공주의 간곡한 말에 온달은 망설이기 시작했으나 노모는 마음을 돌리라고 거듭 타일렀다.

"내 자식은 비루하여 귀인의 짝이 될 수 없고, 내 집은 몹시 가난하여 귀인이 거처할 곳이 못 됩니다."

그러자 공주는 이렇게 대답했다.

"옛 사람의 말에 '한 말의 곡식도 방아를 찧을 수 있고, 한 자의 베도 꿰맬 수 있다'고 했습니다. 만일 두 사람의 마음만 맞는다면 꼭 부자여야만 잘 살란 법이 있겠습니까?"

말을 마친 공주는 당장 자리를 털고 일어나 갖고 있던 보석을 팔았다. 집과 농토, 우마牛馬와 여러 살림살이가 순식간에 마련되었다. 공주의 결단력 있는 성품이 또 한 번 드러나는 순간이었다.

남편을 나라의 인재로 변신시키다

처음 말을 살 때 공주가 온달에게 당부한 것이 있었다. "상인의 말은 사지 말고 꼭 나라의 말 중에 야위어서 거들떠보지 않는 말을 사세요." '나라의 말'이란 국가 전용 목장에서 기르다 쓸모가 없을 것 같아 내다파는 말을 의미했다.

온달이 시키는 대로 비루먹은 말을 사오자, 공주는 정성을 다해 준마로 단련시켰다. 그리고는 매년 3월 3일, 낙랑언덕에서 개최되는 수렵대회를 목표로 온달에게 마술馬術과 사냥술을 연마하도록 격려했다. 이 수렵대회는 나라에서 개최하는 것으로, 이날 잡은 사냥감들로 하늘과 산천에 제사 지내는 풍습이 있었다.

또한 이 대회는 인재 등용의 장이기도 했다. 평소 이런저런 이유로 출셋길이 막혔던 인재들이 이날만큼은 자신의 실력을 발휘하여 나라가 필요로 하는 무장武將으로 발탁되는 영광을 누릴 수 있었다. 후대의 고려나 조선에서는 인재 등용의 문이 과거였다면, 무武를 숭상하던 고구려에서는 전쟁에 필요한 기술이야말로 인재를 판별하는 가장 중요한 기준이었던 것이다.

드디어 그날이 찾아왔다. 온달은 공주가 기른 준마를 타고 기라성 같은 기마무사들을 제치며 사냥감을 쫓았다. 마침내 우승의 최종 영예는 온달의 차지가 되었다. 평강왕은 그를 가까이 불러 칭찬을 하면서 이름을 물었다.

"온달이라 합니다"라는 뜻밖의 대답에 왕이 깜짝 놀란 것은 말할 것도 없었다. 그러나 왕은 겉으로 아무 내색도 하지 않고, 그를 고구려 군의 무장으로 임명했다. 내심으로는 매우 기특하게 여겼을 것이 틀림없지만, 왕의 체면상 자신을 떠난 공주를 단박에 용서할 수는 없었으리라.

그러나 기회는 곧 찾아왔다. 중국 후주後周의 무제武帝가 대군을 동원하여 요동遼東을 침공했던 것이다. 평강왕은 부하를 이끌고 적군을 맞아 토벌에 나섰다. 이때도 온달은 선봉에 서서 눈부신 활약으로 대승을 거두는 데 공을 세웠다. 비로소 왕은 매우 기뻐하며 이렇게 말했다고 한다.

"이 사람이 내 사위다!"

그리고는 온달에게 대형大兄의 작위를 내렸다. 공주 부부를 정식으로 인정한 것이다. 아울러 왕은 공주의 출궁이 심모원려深謀遠慮(깊은 꾀와 먼 장래를 내다보는 생각)에 따른 것이었음을 비로소 깨달았을 것이다. 아마도 '이래서 내 자식'이라는 흐뭇한 마음이 차오르지 않았을까. 이때부터 온달의 권위는 나날이 높아갔으며 행복이 넘치는 생활이 계속되었다.

비극적인 이별

그러나 행복은 오래가지 않았다. 평강왕이 죽고 그 아들 평양왕(영양왕)이 즉위했을 때였다. 나라의 장래를 걱정하던 온달은 신라 문제에 대해 다음과 같이 왕에게 아뢰었다.

"신라가 한강 이북 땅을 빼앗아 군현郡縣으로 삼았기 때문에 백성들이 너무나 애통해합니다. 저는 한시도 부모의 나라를 잊은 적이 없습니다. 원컨대 저에게 군사를 주십시오. 반드시 우리의 땅을 되찾겠습니다."

왕은 매우 기특하게 여기며 그의 제안을 허락했다. 온달은 즉시 군병을 정비하고 출전하기 전 이렇게 맹세했다.

"계립현鷄立俱과 죽령竹嶺 서쪽 지역을 되찾지 못하면 나는 결코 돌아오지 않겠다."

온달은 나라를 위해 자신의 모든 것을 걸 결심이었던 것이다.

이는 그만큼 한강 유역의 실지失地를 회복하는 일이 고구려에게 중요했음을 알게 해준다. 한강 유역은 그 자체로 전략적 요충지이기도 했지만 고구려는 신라를 몰아내고 남부 국경을 반드시 안정시켜야 할 필요가 있었다. 당시 서북방의 정세가 매우 심상치 않게 돌아가고 있었기 때문이다.

그 무렵 중국 대륙에서는 400여 년에 걸친 '5호16국 시대(흉노·갈·선비·저·강족 등 이른바 다섯 오랑캐가 주축이 되어 16개 나라를 세우고 흥망을 되풀이하던 시대)'가 끝나고 수나라가 강력한 통일제국으로 등장해 있었다. 그런데 수나라는 고구려를 눈엣가시처럼 여겼다. 하늘에 두 태양이 있을 수 없듯 동북아시아의 유일한 강자도 바로 자신들이어야 한다고 생각했기 때문이다. 이에 따라 수나라는 고구려 정벌 계획을 세웠고, 서북방의 정세는 날로 전운이 감돌고 있었다. 이런 상황에서 고구려는 반드시 남부 전선을 안정시켜 서북방에서의 대결에 총력을 기울일 여건을 마련해야 했다. 온달이 해내고자 한 일은 바로 그것이었다.

하지만 그의 굳은 결심에도 불구하고 상황은 비극으로 내달렸다. 한강 유역을 수비하는 신라군의 강력한 저항으로 온달군은 고전을 면치 못했던 것이다. 그러다가 마침내 아단성阿旦城 아래에서 신라군과 최후의 결전을 벌이게 됐다. 이때도 일진일퇴의 공방전을 벌였으나 성은 쉽게 함락되지 않았다. 혼전을 벌이던 중 온달은 적진에서 날아온 화살을 맞고 그만 장렬하게 전사하였다. 사서에 "유시流矢(날아오는 화살)에 맞았다"고 했으니 미처 위협을 느끼기도 전 비명에 운명을 맞았던 것 같다.

부하들은 눈물을 머금고 도성으로 관을 옮기려 했다. 그런데 어찌된 일인지 관이 움직이지 않았다. 며칠 밤을 새워 말을 달려온 평강공주가 부드럽게 관을 어루만지면서 말했다.

"이미 죽고 사는 것은 정해졌습니다. 이제 돌아갑시다."

그러자 이상하게도 온달의 관이 조용히 움직이기 시작했다고 한다. 혹은 관을 끌어안고 통곡하던 평강공주도 그 자리에서 쓰러진 채 영영 일어나지 못했고, 군사들이 애통함 속에 두 시신을 합장했다는 설도 있다. 어느 쪽이든 눈물 없이는 볼 수 없는 비극적인 이별이 틀림없었을 것이다.

고승高勝 장군

평강공주와 온달의 사랑 이야기는 『삼국사기』「열전」 제5에 수록된 유명한 사화史話의 하나이다. 그런데 이상한 것은 온달이라는 무장에 관한 사료史料와 그에게 시집온 것으로 되어 있는 평강공주에 대한 기록을 『삼국사기』 외에 다른 곳에서는 전혀 발견할 수 없다는 점이다.

『삼국사기』「고구려 본기」 제7에는 평원왕(평강왕)의 연대기사가 실려 있는데 이곳에는 왕자 원元이 태자가 되었다는 기사가 있을 뿐 그 왕비의 이름도, 공주의 이름도 또 신하의 이름도 전혀 보이지 않는다. 그러나 다음 대의 평양왕平陽王(영양왕) 시기에는 신라와의 싸움을 둘러싸고 온달의 이야기로 생각되는 다음과 같은 기사가 보인다.

> 14년, 왕은 장군 고승高勝에게 신라의 북한산성을 공격케 했다. 신라왕이 군대를 거느리고 한수漢水를 건너왔다. 그러자 성 안에서도 큰북을 쳐서 원군援軍에 호응했다. 고승은 적군에 비해 아군이 너무 적기 때문에 승리할 수 없다고 보고 퇴각했다.

여기에서 말하는 14년은 603년에 해당한다. 북한산성은 지금의 서울, 한수는 한강이지만 주목되는 고승 장군에 대한 기사는 이것뿐이고 뒤에는 전혀 언급되지 않는다.

그런데 『삼국사기』「신라본기」 제4의 진평왕眞平王조에는 같은 603년의 사건으로 "고구려가 북한산성에 침입했으므로 왕은 스스로 1만의 군대를 이끌고 이를 격퇴했다"고 기술되어 있다.

이는 확실히 고승 장군의 전투 기사에 대응하는 것으로 '퇴각'과 '격퇴'의 차이는 각각 쌍방의 입장에서 본 표현이라 생각해도 좋을 것이다. 그렇다면 이 고승 장군을 온달이라 봐도 별 무리는 없을 듯싶다.

그러나 평강공주 쪽은 사료적인 실마리도, 간접적인 전승도 전혀 발견되지 않는다. 고구려왕의 왕통보王統譜도 남성 중심의 사회이므로 여성의 이름이 기록된 적은 없을 것이다. 그래서 생각해볼 수 있는 것은 평강공주도 실재 인물이며 실제로 신분이 낮은 고승(온달)과 어떤 인연으로 결혼해 사람들 사이에 화제가 되었던 게 아닌가 하는 점이다. 후세에까지 여러 형태로 윤색되고 전설화되어 있는 점을 보면 고구려시대에 널리 회자되었던 실화인 것만은 틀림없는 사실로 보인다.

가장 현실적인 해석

김부식이 『삼국사기』를 편찬했던 당시에도 이 이야기는 상당한 윤색을 통해 전해졌을 가능성이 많다. 당시의 봉건적인 신분 관계로 볼 때 공주와 평민 출신 남성의 결혼은 불가능에 가깝기 때문이다. 예를 들어 왕의 후궁이 낳은 공주라 해도 인척 관계나 귀족 계급의 남성에게 시집보내는 것이 관례였지 평민 출신과 결혼시키는 일은 없었다.

그래서 최근에는 온달을 평민 출신이 아니라 몰락한 귀족으로 보는 역사가들의 시각이 더욱 설득력을 얻고 있다. 온달이 백성들에게 그토록 큰 비웃음을 샀던 것도 귀족 계급에 대한 사무친 원한이 몰락한 온달 일족에게로 집중되었기 때문이라 볼 수 있다.

아마도 평강공주는 몰락 귀족을 배필로 맞아 훌륭하게 재기시킴으로써 명성을 얻었던 것 같다. 서민들의 입장에서는 자신들보다도 훨씬 못난 온달이 왕의 부마(사위)가 되는 과정을 보며 나름의 소박한 소망을 담아 이야기화하고 싶은 욕망이 충분했을 것이다. 이렇게 보면 이 기이한 사랑 이야기도 현실적이고 자연스러운 해석이 가능해짐을 알 수 있다.

평강공주는 실제로 현모양처였음에 틀림없다. 또 부부의 금슬도 아주 돈독했을 것이다. 온달이 전사했을 때 그녀가 관을 어루만지며 말을 하자 비로소 움직이기 시작했다는 이야기로 그 사실을 짐작할 수 있다. 그러나 평강공주를 단지 현모양처의 굴레에 가둬놓을 수는 없다. 앞서 우왕후의 경우에서도 볼 수 있듯, 고구려 여인들은 규방에 갇힌 채 남성의 손에 자신을 전적으로 맡기지는 않았기 때문이다. 상무(尙武)의 전통이 강한 북방 민족의 여인답게 과감히 규방을 박차고 나와 스스로 운명을 개척하는 용기와 정열의 소유자들이 적지 않았다.

평강공주 역시 그런 인물이었다. 비록 그 개척자적 열정이 남편을 통해 표출되었지만 그것은 여성이 처해 있던 역사적 한계로 보아야 할 것이다. 그 점을 제외하면, 평강공주를 한국 여인의 빼어난 자질과 자취를 드러내는 하나의 상징으로 봐도 좋을 것 같다. 여성의 강인함, 용기, 지혜, 열정, 지순한 사랑, 그 어느 것을 대입해봐도 그녀는 각각의 전형이 되기에 충분한 모습을 보여주고 있다.

남·은·이·야·기
평강공주 이야기로 알 수 있는 고구려인의 삶

　평강공주 이야기는 고구려 사람들이 어떻게 살았는지 알려주는 귀중한 자료이기도 하다. 우선 당시 사회는 신분의 분화가 뚜렷하게 진전되어 경제, 교육, 사회 진출 등 생활의 모든 면을 규정했음을 알 수 있다.
　또 온달이 구걸을 했다는 기록으로 보아, 당시 최하층 빈민들은 경작할 토지를 잃고 극심한 빈곤에 시달렸음을 알 수 있다. 그보다 사정이 나았던 하호下戶(일반 백성)들도 대개는 소작농의 형태로 어려운 생활을 했을 것이다. 온달과 같은 이들이 목숨을 부지하기 위해서는 부유한 귀족이나 세도가의 집안에 노비로 들어가 비참한 생활을 감수하는 수밖에는 없었을 것이다.
　한편 평강공주가 보석을 팔아 집, 전답, 우마 등 필요한 것들을 구입했다는 사실로 볼 때 당시는 돈만 있으면 시장에서 모든 물품을 구입할 수 있을 만큼 상업이 발달했음을 짐작할 수 있다. 상업의 발달은 곧 사회의 생산력이 그만큼 발달했음을 알려주므로, 당시 고구려 사회의 수준 높은 경제력을 짐작케 한다.
　신분질서의 정착은 당연히 교육과 출세의 과정에도 영향을 미쳤을 것이다. 따라서 국가의 관직은 대개 귀족들의 자식에 의해 독점되고, 이에 따른 불만은 평강공주의 이야기에 나오는 것처럼 특정 기회를 통해 인재등용의 문을 열어놓음으로써 무마했을 가능성이 크다.

그 시절 그녀들의 삶

삼국시대 여성들의 지위는 어느 정도였을까?

삼국~고려시대에는 여성들의 지위가 오늘날 생각하는 것처럼 위축되어 있지 않았다. 여성을 다산과 풍요의 상징으로 이해하던 전 시대의 관념과 풍습이 짙게 남아 있었기 때문에 오히려 지금보다 더 강한 여권 사회의 모습을 보이기도 했다.

우선 당시 여성들은 남성과 동등한 가계 상속권, 재산 상속권을 갖고 있었다. 결혼할 때 가져간 지참금과 농토, 노비 등은 당연히 여성의 소유로 인정되었고, 재산 처분권도 마음 놓고 행사할 수 있었다. 또 삼국시대뿐만 아니라 고려시대까지도 남성들의 처가살이가 일반적인 관행이었다. 남귀여제男歸女第라 불리는 이 혼인 풍습은 남성 노동력을 여자의 집에서 일정기간 소유하는 것과 같은 의미를 지녔는데, 당시 여성들의 지위가 매우 높았음을 의미하는 사례라 볼 수 있다.

이처럼 경제 영역에서 확보된 여성들의 지위는 정치나 그 밖의 사회 영역에서도 발휘됐다. 신라 진흥왕 대에는 여성 가운데서 화랑의 우두머리를 뽑기도 했고, 지소태후처럼 어린 왕을 대신해 대리청정을 하는 경우도 나타났다. 신라 여왕의 등장은 골품제만이 아니라 이런 사회적 분위기 속에서 이뤄졌다고 보는 편이 옳을 것이다.

고려 때도 이 같은 관행은 이어졌다. 고려시대에는 여성이 재산권, 상속권만이 아니라 제사를 모실 수 있는 권리마저 갖고 있었다. 또 이혼과 재혼의 자유가 보장되어 여성들이 당당하게 성적 자유권을 주장할 수 있었다.

이와 같은 여성의 지위는 조선 중기까지 어느 정도 이어지다가 주자학이 국가 이념으로 정착됨에 따라 자취를 감추고 만다.

향기로우나 열매 맺지 못한 꽃들
한국 역사 속의 세 여왕

한국사에서 여성이 왕위에 오른 것은 신라시대뿐이다. 이는 고구려·백제, 그 후의 고려·조선에서는 볼 수 없는 일로, 신라사의 특수한 일면을 보여준다. 물론 고대에 어린 왕을 도와서 일정 기간 대비大妃가 섭정이라는 형태로 국사를 담당했던 예나, 왕비가 정치에 관여한 예는 있었다. 그러나 여성이 왕으로서 정식으로 권좌에 오른 예는 신라 상대上代의 선덕여왕과 진덕여왕, 그리고 하대下代의 진성여왕 밖에는 없었다.

신라에서 여왕이 탄생한 것은 신라 왕조의 특수한 신분 제도, 즉 골품제骨品制 때문이었다. 이것은 통치계층이 권력을 독점하고 유지·강화하기 위한 제도였는데, 뒤로 갈수록 왕위 계승에 큰 혼란을 일으키게 된다. 성골 신분으로 왕위를 이을 남성이 줄어들다가 나중에는 하나도 남지 않는 사태가 발생한 것이다. 이처럼 여왕의 탄생은 골품제도의 한계라는 뚜렷한 배경을 가지고 있었다(진골이 왕위 계승권을 가졌던 하대의 진성여왕은 그와 다른 경우이다).

그러면 제각각 훌륭한 이름을 지닌 이 세 여왕은 어떠한 여성이었을까? 또 통치 스타일은 어떠했으며 공과功過는 무엇이었을까?

선덕여왕의 지기삼사知幾三事

신라왕조 27대에 등극한 선덕여왕善德女王(재위 632~647년)은 진평왕眞平王의 딸로, 어머니는 마야 부인 김씨이며, 이름은 덕만德曼이었다. 그녀는 너그럽고 인정이 많으며 총명하고 선견지명이 있었다고 전해진다.

그 때문인지 재위 기간이 세 여왕 중 가장 긴 15년에 이른다. 그러나 당시는 삼국정립기여서 고구려·백제와의 각축전이 매우 심했다. 신라는 늘 존망存亡의 위기감에 시달려야 했고, 선덕여왕 역시 왕으로서 여러 고초를 겪어야 했다.

사서가 전하는 그녀의 됨됨이는 '지기삼사知幾三事(『삼국유사』)'로 널리 알려져 있는데, 대표적인 것이 '모란화'에 얽힌 이야기이다. 이는 그녀가 왕위에 오르기 전의 이야기로, 말하자면 덕만공주의 총명함을 나타내는 내용이다.

모란꽃 세 송이

어느 해, 당나라에서 돌아온 사신이 붉은색 · 푸른색 · 흰색의 아름다운 모란꽃 그림 세 장과 그 씨앗을 덕만공주에게 헌상했다. 당나라 태종太宗이 답례로 보낸 것이었다. 신라에서는 볼 수 없는 꽃이었으므로 궁녀들은 저마다 그 아름다움을 칭송했다. 그런데 공주는 "이 꽃은 당나라의 국화라 할 만큼 아름답지만 꽃의 향기가 없는 것이 아쉽다"고 말했다.

"공주님! 무슨 말씀이십니까? 이것은 그림이에요. 향기가 없는 것은 당연하지요."

"이 그림을 자세히 보거라. 어느 꽃에도 나비가 그려져 있지 않구나. 그것은 향기가 없기 때문이다."

"이 그림을 그린 화가가 나비를 그리지 않았기 때문이겠지요."

"아니다. 한 장이라면 몰라도 세 장의 그림에 나비가 그려져 있지 않은 것은 결국 향기가 없다는 증거야."

"그런가요?"

"자, 내 말이 옳은지 어떤지 꽃씨를 심어봐라. 그러면 알 수 있을 테니……."

이 이야기는 곧바로 궁 안에 퍼졌다. 꽃씨를 가지고 돌아온 사신도 공주의 말이 맞는지 틀리는지는 알지 못했다.

해가 바뀌고 꽃이 피는 계절이 돌아와 당나라에서 가져온 모란은 아름답게 그 꽃을 피웠다. 그런데 덕만공주가 말한 대로 모란꽃에는 아무런 향기도 없고 나비도 날아들지 않았다고 한다.

음양의 이치를 이용해 적을 격파하다

또 하나는 덕만공주가 신라 제27대 선덕여왕으로 즉위한 뒤의 이야기로, 불교의 공덕을 설파한 내용이다.

불심이 두터운 여왕이 영묘사靈廟寺를 건립했을 때 옥문지玉門池에 하얀 개구리가 나타나서 운 적이 있었다. 사람들은 이것을 보고 흉조라 여겨 불안한 나날을 보내고 있었다. 그러나 여왕은 담담한 태도로 두 사람의 무장을 불러 "지금 당장 군사를 여근곡女根谷으로 보내서 기습해 오는 백제군을 토벌하시오. 반드시 승리할 것이오"라고 말했다.

여왕의 명령을 수행한 신라군은 1,700명의 백제군을 토멸하고 개선했는데, 무장들은 여왕이 사전에 그것을 어떻게 알았는지 매우 궁금해 했다. 그러자 여왕은 "옥문지와 여근곡은 연못과 계곡의 차이일 뿐이지 그 의미는 마찬가지이며, 하얀 개구리의 '백白'은 서쪽을 의미하고 그 소리는 백제로 통하기 때문이오"라고 대답했다.

무장들은 놀라서 "그러면 우리 군대의 승리는 어떻게 예견하셨습니까?"라고 거듭 물었다. 여왕은 생긋 웃으며 "여왕의 군대가 남왕男王의 군대를 이기는 것은 음양의 이치라 하는 것이지요"라 대답했다고 한다. 곧 남근이 여근 안에 들어오면 오래지 않아 죽어버리는 것과 같이, 남왕의 군대도 여왕의 군대를 이길 수 없다는 뜻이었다. 옥문지, 여근곡, 개구리 등은 이에 관한 상징이었던 것이다.

죽을 날을 예언하다

다소 각색한 것이긴 하지만 여왕 자신이 죽는 날을 예언했다는 이야기도 있다. '지기삼사'란 이 전설풍의 세 가지 이야기를 나타내는 것이다.

사서에 따르면 선덕여왕은 남자 못지않은 기백으로 고구려와 백제를 토벌하는 한편 내정에도 심혈을 기울이며 불교를 크게 일으켰다. 분황사芬皇寺와 영묘사를 비롯해 황룡사皇龍寺와 9층탑을 건립했으며, 세계 최초의 천문대라 불리는 첨성대瞻星臺를 건립하기도 했다. 이러한 것들이 선덕여왕 집정 당시의 빛(功)이라면 반대로 그림자(過)도 있었는데, 바로 당에 대한 지나친 종속외교였다.

『삼국사기』에 따르면 선덕여왕은 고구려·백제의 공세가 강해져 신라가 중대한 위기에 처했을 때 당나라 태종에게 사신을 보내 원군 파견을 간청했다. 말하자면 외세의 도입이다. 이에 대해 당태종은 세 가지 계책을 제시했다.

그 첫 번째는 거란과 말갈의 군대를 요동 지방으로 침입케 해 고구려를 견제하는 것이며, 두 번째는 당나라군의 표시인 붉은 윗도리와 깃발을 신라군이 사용하도록 하여 당나라군이 구원 온 것처럼 보이게 하라는 것이었다. 세 번째는 백제가 신라의 왕이 여왕이라서 경시하여 공격을 가하고 있으므로 자기의 일족一族을 신라의 왕으로 삼으라는 것이었다.

신라의 사신은 이에 대답하지 않았다고 전해진다. 그렇긴 해도 당나라의 동방 정책은 교활하고도 교묘한 것이었다. 태종의 진정한 의도가 세 번째 제안에 있었음은 물론이다. 그렇게 하면 당나라는 신라를 수중에 넣고 그것을 거점으로 고구려·백제를 공격해서 한반도 전체를

우리 역사상 최초의 여왕인 선덕여왕은 남자 못지않은 기백으로 고구려와 백제를 토벌하는 한편 내정에도 심혈을 기울였다. 분황사와 영묘사, 황룡사와 9층탑, 세계 최초의 천문대라 불리는 첨성대 등이 모두 선덕여왕 대에 건립됐다.

손에 넣을 수 있을 것이기 때문이다.

그런데 신라에서는 실제로 이 세 번째 제의가 논의되고 있었다. 사태가 그만큼 심각했던 것이다. 여왕의 출현이 새로운 국난을 초래한 셈이었다. 여왕 반대파인 비담毗曇은 내란을 일으켜 최고회의에 해당하는 대등회의에서 선덕여왕 퇴위를 결정해버렸다. 그 충격이 컸던 탓인지 선덕여왕은 곧바로 병을 얻어 죽고 말았다.

여왕은 죽기 전부터 자신의 죽을 날을 예언하며 도리천忉利天에 장사를 지내 달라고 부탁했다고 한다. 신하들이 그곳이 어디인지를 물으니 왕이 대답하기를 "낭산狼山 남쪽"이라고만 했다. 과연 예언한 날이 되자 선덕여왕은 눈을 감았다. 신하들은 왕의 유언에 따라 낭산 남쪽에 장사 지냈다. 그로부터 시간이 흘러 문무왕이 사천왕사四天王寺라는 절을 선덕여왕 무덤 아래 세웠다. 불경에는 사천왕천 위에 33천인 도리천이 있다는 말이 있다. 신하들은 그제야 여왕의 예언이 적중함을 알게 되어 놀라움을 금치 못했다고 한다.

선덕여왕은 이렇듯 비극적인 결말을 맞았지만 여왕 옹립파인 김춘추, 김유신 등은 골품제를 방패로 진덕여왕을 즉위시켰다.

아름다우나 고독했던 여인 진덕여왕

신라왕조의 두 번째 여왕인 진덕여왕眞德女王(재위 647~654년)은 진평왕의 외삼촌인 갈문왕葛文王(왕의 아버지·장인·외조부·외삼촌, 여왕의 배우자에게 왕실에서 내렸던 칭호)의 딸로, 어머니는 월명 부인 박씨이고, 이름은 승만勝曼이었다.

용모가 아름답고 풍만한 육체에다 키는 7척이나 되었다고 하니 대단한 글래머였던 것 같다. 재위 기간 8년 내내 고초를 겪기는 마찬가지였지만, 김춘추나 김유신 등의 도움을 얻어 선덕여왕보다는 안정된 시기를 보낼 수 있었다.

친당親唐 정책을 강화한 진덕여왕

진덕여왕은 정치 체제를 정비·강화하는 한편 백제 토벌을 위해 당나라군의 출병을 요청하는 등 친당정책을 한층 강화시켰다. 여왕은 당의 환심을 사기 위해 정월의 축하 의식이나 행정 관제 등을 당나라식으로 바꾸고 관리들의 예복은 물론 부인의 의복까지 당나라풍으로 고쳤다. 뿐만 아니라 650년에는 신라의 고유 연호를 폐지하고 당의 연호를 채용하기에까지 이른다.

이는 신라가 공공연하게 당나라의 신하국이 됐음을 선언한 것이었다. 진덕여왕이 당의 고종에게 바친 한시 『태평송太平頌』에서도 이런 사대주의 정책은 여실히 드러난다. 여왕은 오언오시체五言五詩體의 축하시를 비단에 수놓아 당 고종에게 헌상했다.

위대한 당나라가 대업을 세우니
황제의 높은 포부 장하기도 하여라.
전쟁이 끝나니 천하를 평정하고
문치를 닦아 백왕의 뒤를 이었네.
하늘을 대신하여 베푼 은혜 장하고
만물을 다스려서 저마다 빛을 내게 하였네.
그지없이 어진 덕행은 해와 달과 같고
시운을 어루만져 태평성대로 나아가게 하누나.
깃발은 번쩍이고 징소리와 북소리 웅장도 하다.
변방 오랑캐로서 황제의 명 거역한 자는
칼 앞에 엎드려 천벌을 받으리라.
순후한 풍속은 유계와 명계 두 세계에 어리고
멀고 가까운 곳에서 상서로움을 드러내네.
사시의 기후는 옥촉처럼 고르고
해와 달과 별들의 광명은 만방을 돌아드네.
산신령의 정기는 보필할 재상을 낳고
황제는 충량한 신하에게 일을 맡겼네.
오제삼황의 덕이 하나가 되어
우리 당나라의 황도가 밝게 빛나리.

좋아서 남의 힘, 그것도 이민족의 힘을 빌리고 싶은 임금은 없다. 고구려·백제와의 각축 속에 국가의 존망이 눈앞에서 왔다 갔다 하는 상황에서는 썩은 동아줄이라도 잡고 싶은 게 인지상정이다. 그만큼 신라의 입장은 다급했다. 후대의 입장에서는 아쉬운 대목이지만, 현재의 관점으로 그 시대를 쉽게 평가할 수는 없는 노릇이다.

이것이 약소국을 다스리던 임금으로서의 비애였다면, 여성으로서도 진덕여왕은 내면에 가득한 슬픔을 안고 있던 사람이었다.

원효대사에 대한 짝사랑으로 고통받다

진덕여왕의 개인적인 슬픔에 대해 사서가 전하는 이야기는 동정을 불러일으키기 충분하다.

불심이 깊은 진덕여왕은 한때 사촌동생 요석공주를 데리고 분황사에 가곤 했다. 불교에 심취했던 여왕의 구도심求道心에서 비롯된 것처럼 보이지만, 사실은 젊은 학승學僧 원효대사에 대한 연정 때문이었다.

원효는 얼굴 생김이 수려한 미남이었을 뿐만 아니라, 학식이 깊고 불도에 밝은 정열적인 스님이었다. 뜨거운 연정을 품은 진덕여왕은 설법을 듣는다는 명목으로 원효를 만나려 했다. 그러나 세간의 이목이 두려워 혼자 가지 못하고 사촌동생을 데리고 분황사를 드나들게 되었다.

그런데 사촌동생 요석공주 또한 소문난 미인으로, 여왕에 버금가는 매력을 지닌 여성이었다. 계속 절에 드나드는 동안 공주도 원효를 깊이 사모하게 되었는데, 영민한 진덕여왕이 눈치 채지 못했을 리 없다. 여왕은 원효를 궁전으로 불러들여 뜨거운 사모의 정을 나누려 했으나 그는 금강불괴金剛不壞(금강처럼 단단하여 부서지지 않음)의 불심을 굳건히 지키면서 결코 흔들림이 없었다고 한다.

드디어 여왕은 자리에 눕게 되었고 병세는 날로 악화되어갔다. 원효는 여왕의 목숨을 구하려고 매일 밤 독경을 계속했으나 그 보람도 없이 임종을 맞이하게 됐다. 그녀는 요석공주를 옆에 불러놓고는 다음과 같은 말을 남겼다.

"내가 죽은 후에도 원효대사의 힘이 되어주려무나. 그분은 우리나라 불교를 위해 크게 공헌하신 분이다. 내 마음은 이루지 못했지만 나는 네 마음도 잘 알고 있다. 그러니 원효대사를 잘 지켜보고 마음속으로라도 도와 드려라."

죽음을 눈앞에 둔 순간까지 원효대사에 대한 걱정과 연정이 절절이 표출된 유언이다.

여왕이 죽은 후 원효는 요석공주와 인연을 맺어 신라의 3대 문장가라 불리는 설총薛聰을 낳았다. 이로써 원효는 파계승破戒僧이 되고 말았는데, 지하의 여왕으로서는 기가 찰 노릇이었을지도 모르겠다. '왜 나는 아니었는지' 말이다.

정념으로 불탔던 진성여왕

정강왕의 승부수

신라왕조의 세 번째 여왕인 진성여왕眞聖女王(재위 887~897년)은 제50대 정강왕의 누이동생으로 이름은 만曼 또는 탄坦이라 하며 선덕 · 진덕여왕의 시대로부터 2세기 반이나 지나 탄생한 여왕이다.

정강왕은 대를 이을 후사가 없었으므로 누이동생에게 왕위를 물려주게 되었는데, 그때 "누이동생은 타고난 자질이 영민하고 골격이 대장부와 흡사하다. 경들은 당연히 선덕·진덕여왕의 전례에 따라서 누이동생을 여왕으로 섬기도록 하라"고 말했다고 한다.

그만큼 누이동생에 대한 신뢰가 두터웠던 걸 알 수 있지만, 사실 여왕의 옹립은 신라 왕실의 마지막 승부수이기도 했다. 국가적 위기를 극복하고 삼국통일의 기틀을 세운 선덕·진덕여왕처럼 새로운 여왕이 신라 중흥의 이정표를 제시해주길 바랐던 것이다.

그러나 사서가 전하는 진성여왕의 이미지는 '실정과 음란'이라는 표현으로 뒤덮여 있다. 그만큼 진성여왕은 역사를 어지럽힌 여성이라며 지탄의 대상이 됐다. 하지만 최근에는 그와 다른 견해도 등장하고 있다.

진성여왕을 위한 변명?

실제로 진성여왕의 즉위 초반은 성군이 되기 위한 의욕으로 불타올랐다. 여왕은 즉위 직후 모든 지방의 조세를 1년간 면제하고 죄수들에 대한 대사면령을 내려 선정을 베풀려고 했다. 지배층을 향해 쌓인 백성의 불만을 완화하려는 정책이었다.

그런데 결과는 반대로 나타났다. 모든 지방에서 공물이 걷히지 않게 되자 나라의 재정이 파탄 상태에 빠져버린 것이다. 결국 여왕은 각지에 사자使者를 파견해 조세를 거두지 않을 수 없었다. 그러자 이를 계기로 각지에서 백성들의 봉기가 일어나 나라는 더욱 큰 혼란에 빠지게 되었다. 진성여왕의 애민 정책이 그만 패착敗着으로 귀결되고 만 것이다.

정강왕은 그녀에게서 선덕·진덕여왕을 볼 수 있기를 기대했다. 그러나 역사 속의 진성여왕은 전혀 그 기대에 부응하지 못했다. 어째서였을까?

우선은 비록 같은 위기 상황이라고는 하지만 선덕·진덕여왕은 한창 절정기를 향해 달려가던 나라의 임금이었다는 차이가 있다. 이에 비해 진성여왕은 꼬리만을 남겨놓은 낙조落照와도 같은 나라를 물려받았다. 제아무리 훌륭한 임금도 기울어가는 대세를 막을 수는 없다. 조선시대 때도 영·정조의 부흥기를 맞았지만 정조가 죽자마자 조선이 망국의 길로 달려간 것이 그 좋은 예이다.

하지만 가장 결정적인 차이는 진성여왕에게는 김유신, 김춘추가 없었다는 데 있다. 인재라고 불릴 만한 이들은 나라가 바람 앞에 등불이 된 현실 속에서 각자의 살길을 찾아 흩어져버렸다. 여왕에게는 위홍魏弘이라는 참모가 있었지만 그도 나라를 위기에서 구해줄 인재는 아니었던 모양이다. 이처럼 고립무원의 상태에서는 제아무리 지혜롭고 훌륭한 왕이라도 국난을 극복하는 일이 쉽지 않았을 것이 분명하다.

나에게는 궁남宮男이 필요하다!

진성여왕 3년(889년)에 일어난 원종元宗·애노哀奴의 반란은 즉위 초반부터 왕권의 기반을 송두리째 뒤흔들었다. 여왕은 점점 사면초가에 몰렸다. 왕에 대한 중상모략도 일상다반사처럼 되어갔다. 한때는 '남무망국, 찰리나제, 판니판니소판니, 우우삼아간 부이사바하南無亡國, 刹尼那帝, 判尼判尼蘇判尼, 于于三阿干 鳧伊娑婆訶'라 씌어진 격문이 장안에 나붙어 세상을 시끄럽게 했다. 지금으로 말하면 불온문서 사건이었다.

'찰리나제'는 진성여왕을 가리키고 '판니판니소판니'는 두 소판을 말한 것으로 소판은 관직의 이름이었다. '우우삼아간'은 3~4명의 총애하는 신하를 말한다. '부이사바하'는 각간(대신) 위홍 부부를 말했다. 즉, 이 세 사람이 나라를 망하게 한다는 내용이었다.

이는 여왕이 즉위함과 동시에 유모였던 부호鳧好 부인과 그의 남편 위홍 등 3~4명의 총신을 측근으로 하여 국정을 마음대로 농단한다는 비난이었다. 게다가 여왕과 위홍이 '사통私通'하고 있다는 소문마저 세상을 뒤덮었다. 일연 스님의 『삼국유사』에는 "진성여왕은 평소부터 각간 위홍과 내통하고 궁중의 모든 일에 그를 끌어들여 상의하는 일이 극심했다"고 씌어 있다. 여왕과 위홍의 관계는 '아니 땐 굴뚝'은 아니었던 셈이다.

그러나 여왕과 위홍의 밀월은 오래도록 계속되지는 않았다. 사서는 "위홍에게 싫증이 난 여왕이 궁전에 젊은 미남자들을 끌어들여 총애하고 그들에게 요직을 주어 맡겼다"고 전하고 있다. 불같이 화가 난 위홍은 그들 궁남宮男에게 결투를 신청했으나 이미 노쇠한 몸으로 씩씩한 젊은이들의 상대가 될 수 없었다. 마침내 위홍은 목숨을 잃고 말았다. 여왕은 위홍이 죽자 혜성대왕惠成大王을 추증함으로써 한때의 연인에 대한 예를 갖췄다.

그 뒤에도 궁남들에 대한 여왕의 총애는 여전했다. 그를 비난하는 대신들에 대해 여왕은 이렇듯 당당하게 반박했다.

"남자 왕은 몇 천 명의 궁녀를 거느리고 놀았다는데 여왕인 내가 몇 명의 궁남을 두지 말라는 법이 어디에 있느냐!"

결코 틀린 얘기는 아니지만 나라가 망해가는 상황에서 여왕의 이미지에 지울 수 없는 생채기를 남긴 말이기도 했다. 또한 진성여왕 자신도 세인의 눈총을 받을 만큼 절제 없이 정염情炎을 불태운 여인인 건 사실이었던 모양이다.

비운의 왕으로 생을 마치다

진성여왕도 망국으로 달려가는 나라 현실을 더 이상 막을 수는 없었다. 재위 8년 여왕은 당대 최고의 석학인 최치원에게 '시무11조'를 올리게 해 나라를 수습하려 했으나 이마저 실패했다. 재위 10년에는 적고적赤袴賊(빨간 바지를 입은 도적이라는 뜻)이라 불리는 반란군이 경주 근방을 점령할 정도로 큰 위기에 몰리기도 했다. 더 이상 버틸 재간이 없어진 여왕은 이듬해 모든 사태에 책임을 지고 스스로 자리에서 물러났다.

"근래에 백성들이 곤궁해지고 도적들이 벌떼처럼 일어난 건 모두 내 부덕不德 때문이다."

권좌에서 물러나는 진성여왕의 마지막 말은 그것이었다. 그녀는 왕위를 큰오빠인 헌강왕의 서자 요嶢(효공왕)에게 물려주었다. 여장부다운 통 큰 결단이었다. 36대 혜공왕 이후 신라는 피비린내 나는 왕위 쟁탈전에 휘말려 왕이 피살되고 새 왕이 등극하는 일이 반복되고 있었다.

그녀처럼 책임을 통감하고 스스로 왕위를 타인에게 넘긴 왕은 이전에는 결코 존재하지 않았다.

왕위에서 물러난 여왕은 북궁北宮에서 살다가 6개월도 되지 않아 파란만장한 생애를 마감했다. 후대의 사가史家가 '진성여왕의 유일한 공적'이라고 평가한 향가집 『삼대목三代目』(위홍과 대구화상 수찬修撰)을 남기고 애수에 찬 일생을 마친 것이다.

여왕들의 발자취

신라의 세 여왕이 거쳐간 발자취를 더듬어보면 외세의 중압과 국내의 갈등이 격화되었던 다난多難한 시기를 배경으로 하고 있다는 점을 알 수 있다. 이런 현실 속에서 여왕은 결코 환영받지 못하는 존재였다.

'여왕은 불가하다'는 의견은 당시에도 권력쟁탈과 얽혀 강하게 제기된 듯하다. 『삼국사기』의 편찬자 김부식의 주장은 '여왕 불가론'의 대표적인 예이다.

"하늘에 대해서 말하자면 양陽은 강剛이고 음陰이 유柔이며, 사람에 대해서 말하자면 남자가 높고 여자가 낮은 것인데, 어찌하여 여인을 규방에서 나오게 해서 국정을 맡길 수 있겠는가? 신라는 여자를 세워서 왕위에 앉혔지만 이것은 실로 온 세상을 어지럽히는 행위이다. 나라가 망하지 않았던 것이 다행이다. 『서경』에 '암탉이 아침을 알린다', 『역易』에 '암퇘지가 난다'라는 것과 마찬가지이므로 이를 어찌하여 경계하지 않는 것인가?"

　선덕여왕에 대해 비판한 내용인데, 남존여비 사상이 그 근본에 깔려 있음은 의심할 여지가 없다. 하지만 당시에는 이것이 일반적인 견해였다고 볼 수 있을 것이다. 또 신라가 여왕을 세웠기 때문에 백제나 고구려가 그 기회를 틈타 신라 정복에 눈독을 들인 것도 사실이었다. 당태종은 백제나 고구려의 그러한 움직임을 지적하면서 교활하게도 당의 남성을 신라의 왕으로 앉히는 게 어떻겠느냐고 제안했을 정도이다.

　그러고 보면 신라의 세 여왕은 진정 고난의 연속을 살았다고 볼 수 있을 것이다. 그런 상황 속에서도 선덕·진덕 두 여왕은 뛰어난 용인술로 위기를 극복하고 통일의 주춧돌을 세운 훌륭한 임금들이었다. 아쉽게도 진성여왕은 때를 잘못 타고 태어난 불운을 혼자의 힘으로는 극복할 수 없었을 뿐이다.

세 송이 모란꽃 그림은 또 하나의 예언이었을까?

　그런데 세 여왕에게는 묘하게도 공통점이 있다. 모두가 똑같이 불행한 죽음을 맞은 점이다. 또한 세 여왕이 모두 독신이었다는 사실도 지나칠 수 없는 대목이다.

　선덕여왕의 경우 『삼국유사』의 왕력王曆에 남편인 듯한 인물의 이름이 보인다. 그런데 이를 뒷받침하는 기록은 전혀 없다. 만일 선덕여왕이 결혼을 했다면 그 상대 남성은 성골이 아닐 것이므로(성골 남성이 있다면 그가 왕이 되었을 것이다) 진골 남성이 남편일 수밖에 없다. 이는 당시의 혼인 규범으로 볼 때 있을 수 없는 일이었을 게다. 또 그녀에 관한 다른 이야기는 상당히 많이 전해지는데 결혼생활이나 아이가 있었다는 등의 이야기는 전해지지 않는 것으로 보아 독신설이 설득력을 얻고 있다.

진덕여왕의 경우는 별다른 설이 없는 모양이다. 그녀는 분명히 독신으로 지냈다고 할 수 있으며, 원효대사에 대한 사랑은 열렬한 짝사랑으로 끝나고 말았다. 이렇듯 사랑의 한을 품고 세상을 떠난 것은 뭇사람들의 동정심을 불러일으킬 만한 일이었다.

그런 의미에서 대조적으로 보이는 것은 진성여왕이다. 하지만 그녀의 경우도 혼인설을 뒷받침하는 기록은 없는 듯하며, 양패良貝라는 아들이 있었다는 설도 확실치 않다. 위홍과의 관계도 '사통'이란 표현처럼 이른바 '내연의 관계'에 지나지 않았다.

이렇게 보면 세 여왕의 독신설은 사실로 볼 수 있는데, 그렇다면 그 불행의 그림자는 무엇 때문이었을까? 신라의 골품제와 여자로 태어난 업業이 초래한 것일까?

그들은 공이든 과든 임금으로서는 일정한 정치적 결실을 맺었지만 개인적으로는 그렇지 못했다. 그런 점에서 당 태종이 보냈다는 세 송이 모란꽃 그림은 오래 전부터 세인들의 흥미를 끄는 대상이었다.

일연 스님은 "삼색 모란꽃은 신라에 선덕·진덕·진성의 세 여왕이 있을 것임을 당제唐帝(태종)가 헤아려 맞춘 것"이라고 말했다. 지기삼사의 선덕여왕 못지않게 태종도 앞날을 헤아릴 줄 아는 지혜가 있었다는 것이다. 이 기묘한 우연 앞에서 태종이 보낸 그림은 정말 또 하나의 예언이었을지도 모른다는 생각을 품게 되는 건 어쩔 수 없는 일일 것이다.

남·은·이·야·기
『화랑세기』에는 선덕여왕이 세 번이나 결혼했다고 나온다

　위서僞書 논쟁이 끝나지 않은 『화랑세기』는 선덕여왕의 독신설을 부정한다. 그녀가 세 번씩이나 결혼했던 유부녀라는 것이다. 게다가 그 세 번의 결혼 중 두 번은 같은 사람과 한 것이라고 한다.

　진지왕은 용춘과 용수라는 두 아들을 두었는데 이들이 바로 선덕여왕의 배필들이었다. 이들 중 형인 용수는 진평왕의 딸 천명공주와 결혼했고, 용춘은 왕의 명령에 따라 덕만공주(선덕여왕)와 결혼했다. 그러나 두 사람 사이에 아이가 생기지 않자 용춘은 스스로 부마(공주의 남편)의 자리에서 물러났다.

　이후 진평왕은 용수로 하여금 다시 덕만공주와 결혼하도록 했다. 요즘의 기준으로는 이해할 수 없지만 두 딸을 한꺼번에 한 남자의 아내로 만든 것이다. 그러나 이들 부부에게서도 아이는 생기지 않았다. 덕만공주는 여왕의 자리에 오르면서 용수와 헤어지고 다시 용춘과 결합했다. 이렇게 하여 같은 남자와 두 번 결혼하는 기록을 세우게 된 것이다.

> 그 시절 그녀들의 삶

고대에도 극심했던 아들 선호 사상

가계의 부계 상속이 확립된 이후 남아 선호 사상은 고대 사회에도 널리 퍼져갈 수밖에 없었다. 이와 관련하여 흥미로운 이야기가 『삼국유사』에 전해지고 있다.

이야기의 주인공은 통일신라기의 경덕왕인데 그는 음경이 매우 길어서 8치(24cm)나 됐다고 알려진 인물이다. 그 때문인지 경덕왕은 늦도록 아이를 갖지 못했다. 경덕왕은 할 수 없이 첫째 왕비인 삼모 부인을 출궁시키고 만월 부인을 새 왕비로 맞아들였다. 또 성인(聖人)으로 알려진 표훈대사를 불러 하늘에 간청하게 했다.

왕의 부탁을 받은 표훈대사는 하늘로 올라가 상제와 대화한 뒤 내려와 이렇게 전했다. "딸을 낳는 것은 가능하지만 아들은 안 된다고 하십니다." 경덕왕은 다시 "딸을 바꾸어 아들이 되도록 해달라"고 간청했다. 표훈대사는 다시 하늘로 올라갔는데, 상제는 이렇게 말했다고 한다. "딸 대신 아들이 되게 해줄 수는 있지만 그러면 나라가 위태로워질 것이다."

아울러 표훈대사에게 하늘과 인간세상이 혼동될 수는 없으니 다시는 하늘을 왕래하지 말 것을 명령했다.

이렇게 하여 경덕왕은 후사를 잇게 됐지만 아들(혜공왕)이 여덟 살 되던 해에 세상을 뜨고 말았다. 혜공왕은 너무 어린 나이였으므로 태후가 섭정을 했는데 상제의 예언대로 나라가 몹시 어지러웠다. 도처에서 도적이 벌떼처럼 일어나고 왕실은 권력다툼으로 혼란스러워졌다. 그러나 혜공왕은 이를 헤쳐갈 능력이 없었다. 그는 원래 여자가 될 몸이었으므로 늘 부녀자 같은 짓만을 하며 비단 주머니 차기를 좋아했고, 자라서는 동성애적 경향을 보였다. 결국 그는 귀족들의 반란을 진압하는 과정에서 살해되고 이후 신라는 극심한 혼란으로 지새다가 멸망의 길을 걸어가게 됐다.

5~6세기 신라의 토우. 몸을 뒤로 하여 누운 듯한 여인의 모습인데 부른 배와 젖가슴, 성기가 표현되어 있는 것으로 보아 아이를 낳는 모습으로 보인다. 동그란 두 눈과 입은 출산의 고통을 사실적으로 표현하고 있다. 국립중앙박물관 소장.

(사가들은 "진평왕에게 아들이 있었다면 삼국시대사는 달라졌을 것이다"라고 말한다. 하지만 혜공왕이 뛰어난 여왕으로 자라났다면 통일신라사는 또 어떻게 됐을지 모를 일이다.)

유교는 남아 선호 사상의 뿌리는 아니지만 그것을 매우 정교하게 이론화시킨 이데올로기였다. 고구려, 백제, 신라 모두 국가 운영의 원리로 유교를 도입했는데, 이로부터 남존여비 사상은 수천 년을 이어내려갈 든든한 추진력을 얻은 셈이었다. 또 여성의 지위 역시 아들을 낳을 수 있는가 없는가에 따라 갈리는 등 많은 폐해가 생겨나게 되었다.

초야로 되돌아간 신데렐라
강수의 부인

신데렐라

　동화 『신데렐라』의 주인공 이름은 원래 '신데렐라'가 아니었다. '쌍드리옹 Cendrillon', 즉 '재투성이'인데 영어로 번역하면서 아무 의미 없는 '신데렐라'라는 이름으로 바뀌었다. 재투성이는 곧 '부엌데기'를 이르는 것인데, 부엌데기가 일약 왕자비의 신분으로 도약했으니 세인들을 경악시킨 것도 무리는 아니다. 누군가를 가리켜 "신데렐라 같다"고 하면 이처럼 깜짝 놀랄 신분적 도약을 이룬 경우를 말한다.
　신라의 문장가 강수强首의 부인 역시 틀림없는 신데렐라였다. 왕비는 아니지만, 미천한 출신으로 당대 최고 석학의 아내가 되어 일생을 마칠 수 있었기 때문이다. 하지만 이름조차 알려지지 않은 이 여인은 여느 신데렐라와는 달랐다. 대개의 신데렐라들이 화려함의 극치를 달렸던 것과는 대조적으로, 그녀는 비록 명예는 얻었으나 가난에서 벗어나지는 못했기 때문이다.

만년에는 안정된 여생을 보낼 기회를 얻었지만 그마저도 스스로 박찬 채 '공수래공수거空手來空手去'의 상태로 되돌아갔다. 초야草野의 부엌데기에서 대감마님이 되었다가 다시 초야로 되돌아간 흔치 않은 신데렐라였던 것이다.

소대가리 천재

강수 부인의 생애는 『삼국사기』 「열전」 제6에 등장한다. 그녀의 삶은 남편 강수의 생애에 덧붙이는 부록처럼 소개되어 있다. 때문에 그녀의 생애를 알기 위해서는 우선 강수가 어떤 인물이었는가를 살펴보아야 한다.

강수는 7세기, 신라 태종무열왕 대의 걸출한 문인이었다. 출생년도는 확실치 않으나 사망한 해는 692년으로 되어 있다. 그는 현재의 충북 충주시인 중원경中原京('중원소경'이라고도 하며 지방의 행정 중심지였다) 사량인沙梁人으로, 원래는 신라에 정복된 임나가야任那伽倻의 귀족 출신이었다. 아버지는 나마奈麻 벼슬을 지낸 석체昔諦이다.

강수의 원래 이름은 '우두牛頭'였다. 쉬운 말로 '소대가리'라는 뜻인데, 이런 이름이 붙은 것은 태몽과 관계가 있었다. 어머니가 소처럼 머리에 뿔이 난 사람을 꿈에서 본 뒤 그를 낳았던 것이다. 기이하게도 갓 태어난 그의 뒤통수에는 진짜 뿔처럼 불거진 뼈가 있었다고 한다. 아마도 후두골이 유난히 높았던 모양이다.

걱정이 된 아버지는 현자賢者를 찾아가 관상을 보이게 했다. 현자는 예부터 훌륭한 사람은 특이한 관상을 가진 경우가 많다며 이 아이도 틀림없이 훌륭한 사람이 될 것이라고 말했다. 안심한 부모는 장차 이 아이를 국사國士로 키우자고 다짐했다 한다.

강수는 어렸을 때부터 학문이 뛰어나서 주위 사람들을 놀라게 하는 천재였다. 한번은 아버지가 "너는 앞으로 불교를 배우겠느냐, 유교를 배우겠느냐"라고 물은 적이 있었다. 강수는 그 자리에서 "유학의 길을 걷겠습니다"라고 대답했다. 그런데 그 이유가 특별했다.

"제가 들은 바에 의하면 불교는 '세상 밖의 종교世外敎'라 합니다. 저는 세속에 사는 사람인데 불도는 배워서 무엇하겠습니까? 저는 유가의 도를 배우고 싶습니다."

그가 이렇게 결심한 데에는 더 근본적인 이유가 있었다.

신라는 불교와 골품제의 나라였다. 신라를 이끌어가는 왕실과 진골 귀족들 모두가 불교에 심취해 있었다. 그에 비해 유학은 아직 자리를 잡지 못한 상태였다. 아이러니한 것은 강수의 말과 달리 당시 불교가 가장 세속에 영합하는 종교였다는 점이다. 불교는 현세의 부귀영화를 초탈할 것을 가르치지만, 왕실 이하 진골 귀족들은 거리낌 없이 세속적이고 향락적인 삶을 살았다. 불교는 이런 귀족들의 사치스런 고민을 달래주는 일종의 장식품으로 전락한 지 오래였다. 게다가 골품제는 이들의 삶 주변에 두터운 장벽을 쳐서 '그들만의 세계' 안쪽으로는 누구도 접근할 수 없도록 만들고 있었다.

6두품인 그는 이런 현실에 반발하여 유학을 선택한 것이다. 신분이 아니라 유학 공부를 통해 실력을 쌓고 관직에 나아가 입신양명하겠다는 생각이었다. 그래서 그의 대답은 기회를 박탈당한 6두품 출신으로서의 한과 애수가 짙게 서린 것이기도 했다.

강수는 다짐대로 더욱 공부에 매진했다. 그리하여 약관의 나이가 되기도 전에 '한 시대의 걸인傑人(걸출한 인물)'이라는 평가를 받게 되었다.

대장장이의 딸

그런데 강수는 아직 총각이었다. 자연 중매쟁이들의 발길이 집안 문턱을 닳게 할 정도였다. 기록에 따르면, 강수는 대단히 수려한 용모의 청년학자로 뭇 여성들의 선망의 대상이었다. 결혼 적령기의 딸을 둔 관리나 부자들이 그를 사위로 삼고 싶어 눈독을 들인 것은 말할 것도 없다.

그의 부모 또한 걸출한 아들이 좋은 집안의 딸을 만나 출셋길에 날개를 달길 원했다. 그러나 문제는 강수가 전혀 그럴 마음이 없다는 데 있었다. 그에게는 이미 사랑하는 여인이 있었기 때문이다. 뜻밖에도 그 여인은 좋은 배경이라곤 눈 씻고 찾아볼 수 없는 미천한 대장장이의 딸이었다. 「열전」은 이때의 일을 이렇게 전하고 있다.

강수가 일찍이 부곡釜谷의 대장장이 딸과 야합하여 정이 매우 돈독했다. 나이 스물에 이르자 부모가 고을의 처녀들 가운데 용모와 행실이 좋은 자를 골라 아내로 맞게 하려 했다. 그러나 강수는 두 번 장가들 수 없다고 하며 이를 사양했다. 아버지가 노하여 말했다.

"너는 널리 알려져 나라 사람들 중에 모르는 이가 없다. 미천한 자를 배필로 삼는 게 수치스럽지도 않느냐?"

강수가 두 번 절한 뒤 말했다.

"가난하고 천한 것이 부끄러운 게 아니라, 도를 배우고도 행하지 않는 게 정말 부끄러운 것입니다. 일찍이 옛 사람의 말에 "조강지처는 뜰 아래로 내치지 아니하고, 빈천할 때의 친구는 잊어서는 안 된다"고 했습니다. 천한 아내라고 해서 차마 버릴 수는 없습니다."

강수의 말에 아버지는 그만 입을 다물고 말았다고 한다.

야합野合. 문자 그대로 '들에서의 결합'이니 정식 혼례를 치른 사이는 아니었다. 하지만 오며가며 정을 통하게 된 뒤 사실상 부부와 다름없는 생활을 했던 모양이다. "두 번 결혼할 수 없다"는 강수의 말은 이 점을 반영한 것이었다. 이처럼 강수는 의리를 지켰지만 부모의 분노도 이해할 만했다. 당시 대장장이는 최하층의 천민집단에 속했기 때문이다.

이렇게 해서 대장장이의 딸은 당대가 알아주는 대문호의 부인이 됐다. 신데렐라가 된 것이다. 생각해보면 대단한 강수가 아닐 수 없다. 출셋길에 날개를 달기는커녕, 자신은 물론 자식들의 앞날에도 누가 될

지 모를 혼사였다. 그럼에도 강수는 '인간의 도리'를 내세워 끝내 미천한 천민 출신의 여인을 정식 부인으로 맞아들였다. 그라는 그릇의 크기가 어느 정도인지를 알려준다 하겠다.

사실 이런 강수의 삶이야말로 진정 '세상을 벗어난 삶世外生'이었다. 현세의 삶을 열심히 추구하겠다는 다짐에도 불구하고 그는 자잘한 세속의 그물을 탈피한 대인의 풍모를 가지고 있었던 것이다. 이토록 잘난 남편을 만난 대장장이의 딸은 요즘 말로 '팔자가 편' 셈이라고 말하지 않을 수 없다.

강수 부부의 영예로운 삶

이후 강수 부부의 삶에는 영예가 가득했다. 골품제에 의해 최고위직에 오를 수는 없었지만 강수의 벼슬길이 순탄했기 때문이다.

태종대왕太宗大王이 즉위했을 때였다. 당의 사자使者가 와서 국서國書를 전했는데 난해한 곳이 몇 군데 있었다. 왕은 유학에 조예가 깊은 강수를 불러들였다. 강수는 그 부분을 한 번 보고는 막힘없이 해석해냈다.

왕은 놀랍고 기뻐 그의 이름을 물었다. 강수는 "신은 본래 임나가야 사람이며 이름은 우두입니다"라고 대답했다. 왕은 "경의 머리를 보니 강수 선생强首先生이라 부를 만하다"라며 대단히 흡족해했다. 강수, 곧 '센 머리'이니 '쇠머리' '우두'를 가리키는 말이었다.

왕은 당나라 황제의 조서에 대한 답서를 강수에게 짓게 했다. 그런데 그 문장이 또한 명문이었다. 왕은 더욱 강수를 신임하며 아끼게 됐다.

이후 강수는 외교 관계에 필요한 모든 문서를 관장했다. 신라와 당나라 사이의 동맹과 협력은 그가 아니었다면 순탄하게 이뤄지지 않았을 것이다. 나라에서도 이 같은 강수의 공을 인정했다. 통일이 이뤄진 뒤 문무왕은 이렇게 말했다.

"강수가 문장 짓는 일을 맡아서, 중국 및 고구려, 백제 두 나라에 의사를 잘 전할 수 있었기에 우호를 맺는 데 성공할 수 있었다. 우리 선왕이 당에 군사를 청해 고구려, 백제를 평정한 것이 비록 무공이기는 하지만 문장의 도움도 있었으니 강수의 공을 어찌 소홀히 하겠는가?"

문무왕은 강수에게 사찬沙湌(신라 17관등 가운데 여덟 번째)의 작위를 주고 녹봉祿俸도 매년 곡식 2백 석으로 올려주었다고 한다.

이처럼 남편이 출셋길을 달려가던 때 강수 부인이 어떤 삶을 살았는지는 알 수 없다. 사서에는 이때에 관한 기록이 전무하기 때문이다. 그러나 그녀가 현숙한 부인으로서 훌륭하게 내조했으리라는 점은 의심의 여지가 없다. 그것은 그녀의 인품에 관한 다음과 같은 기록으로 볼 때 충분히 짐작할 수 있는 사실이다.

부창부수

녹봉은 올랐으나 강수는 물욕이 없는 사람이어서 가난을 면치 못했다. 강수는 신문왕 때 세상을 떠났다. 그러자 부인은 생계 문제에 맞닥뜨리지 않을 수 없었다.

신문왕은 나라에 공이 많은 강수의 장례를 위해 많은 부의賻儀를 내려주었다고 한다. 기록에 의하면 옷과 피륙이 아주 많았다. 그러나 강수 부인은 이것을 사사로이 쓰지 않았다. 모든 것을 불사佛事에 희사하고 자신은 아무것도 갖지 않았던 것이다. 그녀의 청빈한 성품을 짐작케 하는 대목이다.

그 후 강수 부인은 생활이 어려워 끼니조차 잇기 힘들 지경이었다. 그녀는 부득이 고향으로 내려가려 했다. 대신들이 이 소식을 전하자 왕은 조租 백 섬을 내려주려고 했다. 그러나 그녀는 그것조차 사양하고 다음과 같이 말했다고 한다.

"저는 천한 자입니다만 지금까지 남편 덕에 의식衣食 걱정 없이 나라의 은혜를 많이 입었사옵니다. 이제 혼자가 된 지금 어찌하여 다시 후한 선물을 받을 수 있겠습니까?"

그녀는 끝내 왕의 하사품을 받지 않고 초연히 고향으로 떠났다고 한다. 부창부수夫唱婦隨. 그 남편에 그 아내였음을 알려주는 일화이다.

천민이라 괄시받던 대장장이의 딸로 당대 최고의 젊은 문인과 사랑을 이루었을 뿐만 아니라, 뒤에는 원훈공신元勳功臣의 마나님이 된 강수 부인. 사람의 욕심이란 끝이 없어서 그녀 역시 더 높은 안락함과 화려함을 추구할 기회가 없지는 않았을 것이다. 하지만 그녀는 안락한 노후를 보낼 수 있는 마지막 기회마저 박차버린 채 미련 없이 초야로 되돌아갔다. 비록 천민 출신이지만 그 어떤 귀부인의 삶보다 높은 긍지를 느끼게 해주는 이야기이다.

　이런 일들로 짐작해보건대, 강수가 그녀를 맞아들일 때 아버지에게 했던 "신분보다 도를 행하지 않는 것이 부끄러운 일"이라는 말은 어쩌면 그녀를 염두에 두고 한 것인지도 모르겠다는 생각이 든다. 천하고 배운 것은 없지만 그녀가 도를 알고 실천하려 한 드문 성품의 처녀였기에 아무 망설임 없이 배필로 맞아들였을지 모른다는 말이다. 아무튼 신라시대 최고의 신데렐라는 이처럼 가장 높은 경지의 맑고 향기로운 삶을 보여주고 있다.

남·은·이·야·기
망국민의 비애에도 시달려야 했던 강수

　가야는 낙동강 유역인 경상도 서부 일대에 기원 전후부터 존재했던 여러 나라들을 가리킨다. 신라, 백제와는 달리 소국小國의 힘과 독자성이 강해 중앙집권적인 국가로 발전하지 못하고 부족연맹 수준에 머물렀다.

　전기 가야연맹은 금관가야가 이끌었는데 400년 고구려 광개토대왕의 정벌로 무너졌다. 그 뒤 명맥을 유지하던 금관가야는 532년(법흥왕 19년) 마지막 임금인 구형왕이 왕비와 세 아들을 거느리고 신라에 항복함으로써 멸망하고 말았다. 구형왕의 일족은 신라의 진골귀족에 편입되어 가야계 김씨 세력을 형성했다. 대표적인 인물은 삼국통일에 기여한 김유신이다.

이어 대가야를 중심으로 한 후기 가야연맹이 성립했지만, 6세기 중엽(562년) 신라 장군 이사부에 의해 대가야가 정복되면서 이 또한 해체되고 말았다. 금관가야계 인물들과 달리 대가야 출신들은 왕족에 들지 못하고 그 아래 서열인 두품에 편입된 것으로 보인다. 강수는 자신을 "임나가야 사람"이라고 말하는데, 임나가야는 곧 대가야를 가리키는 말이었다. 대가야계를 대표하는 인물로는 강수 외에도 음악가인 우륵, 서예가인 김생 등을 들 수 있다.

이런 차이는 두 나라가 신라에 편입되는 과정이 달랐기 때문에 생긴 것으로 보인다. 스스로 나라를 바치고 항복한 금관가야와 달리 대가야는 끝까지 항거하다가 무력으로 정복됐기 때문이다. 그래서 강수는 골품제만이 아니라 대가야계에 대한 차별에도 시달릴 수밖에 없었을 것이다. '무공武功으로는 김유신, 문공文功으로는 강수'라는 평가를 받으면서도 정작 관직은 6두품 출신으로 오를 수 있는 최고위직인 아찬阿飡보다 2등급이나 낮은 사찬沙飡이 주어진 것으로 그 사실을 짐작할 수 있다.

3 다양성을 꽃피운 고려시대

'빽'이 없어 슬펐던 여인 장화왕후 오씨
고려의 구국혼 설죽화
천 년의 세월을 이겨낸 지극한 사랑 염경애

'빽'이 없어 슬펐던 여인
장화왕후 오씨

비운의 왕비

후삼국시대를 마감하고 고려왕조를 세운 왕건에게는 왕비가 많았다. 29명의 아내가 있었으니 많아도 보통 많은 게 아니었다. 그 이후 시대인 조선시대에 가장 많은 부인을 둔 임금은 성종으로 모두 12명이었다. 성종에 비해도 두 배가 넘는 셈이다. "영웅은 호색"이란 옛말도 있듯 왕건이 여자를 무척 좋아한 사람일 수도 있다. 하지만 그의 다처多妻에는 얼마간의 불가피한 사정이 있었다.

왕건은 통일을 이루고 나서도 각지에 산재한 호족들로 인해 늘 전전긍긍할 수밖에 없었다. 그 자신이 그랬듯 어느 호족이 힘을 길러 반란을 일으킬지 몰랐기 때문이다. 그래서 왕건은 호족들을 아우르는 방법으로 결혼정책을 이용했다. 영향력 있는 호족의 딸을 왕비로 맞음으로써 이들과 공동운명체가 되는 효과를 노렸던 것이다. 왕건의 왕비 29명 중 27명이 통일 이후 얻은 부인이라는 점에서도 이런 사정은 잘 드러난다.

하지만 이는 고려왕조를 위협하는 양날의 칼일 수 있었다. 왕건은 이들 왕비로부터 25남 9녀를 얻었다. 호족들은 너도나도 자신의 피붙이를 왕의 후계자로 올리기 위해 치열한 암투를 벌였다. 실제로 고려왕조 초기는 이들에 의해 하루도 피바람 잦을 날이 없었다.

장화왕후 오씨吳氏(894?~934년?)의 생애도 이런 분위기에서 자유로울 수 없었다. 그녀는 왕건이 통일 전에 얻은 두 번째 부인이었다. 첫 번째 부인인 신혜왕후 유씨가 아들을 낳지 못했으므로 그녀는 황태자의 모후로서 영광을 독차지할 만한 위치에 올라야 했다. 그러나 실제 역사에 드러난 그녀의 생애는 그렇지 않았다. 시작부터 끝까지 그녀의 삶에는 치욕과 비운만이 가득했다. 황태후로서의 위엄은 온데간데없고 일개 후궁과도 비슷한 대접을 받아야 했다.

이유는 오직 하나, 방패막이가 돼줄 만한 든든한 집안을 갖지 못했기 때문이었다. 남편의 사랑이 없었던 것도 아니요, 왕이 될 늠름한 아들이 없었던 것도 아니었다. 하지만 골라서 태어난 것도 아닌 집안 문제로 오 왕후의 눈가에는 눈물 마를 새가 없었다. 생각해보면 정말 한스런 일이 아닐 수 없었을 테지만, 당시의 분위기로 보아 쟁쟁한 호족들 틈바구니 안에서 산다는 건 그처럼 서러운 삶을 약속받는 것과 같았다.

'용'과의 만남

장화왕후 오씨는 나주 호족 오다련吳多憐의 딸이었다. 당시 나주 지역은 자웅을 겨루고 있던 태봉, 후백제의 전략 요충지로서 물고 물리는 접전지였다. 왕건은 903년 나주 지역을 공격하여 점령함으로써 전세를 태봉 쪽으로 이끌어오는 데 결정적인 기여를 했다. 나주 점령은 후백제의 등 뒤에서 창끝을 겨누는 일이자 중국과의 교통로를 끊는 등 엄청난 효과를 거둔 군사적 행동이었다.

오씨와 왕건의 만남은 왕건이 나주를 점령하고 있는 동안 이루어졌다. 정확치는 않지만 그녀가 왕건을 만난 것은 17세 무렵의 꽃다운 나이로 짐작되는데, 『고려사高麗史』「후비열전后妃列傳」에는 그들의 만남이 이렇게 기록되어 있다.

일찍이 후后(임금의 아내, 장화왕후를 가리킴)의 꿈에 포구에서 용이 와 뱃속으로 들어가므로 놀라서 깨어나 부모에게 이야기하니 그들도 기이하게 여겼다. 얼마 후에 태조(왕건)가 수군水軍 장군으로서 나주에 진주했는데 배를 목포에 정박시키고 시냇물 위쪽을 바라보니 오색구름이 떠있었다. 가서 보니 후가 빨래를 하고 있었다.

'용' '오색구름' 등 왕과 왕비의 만남을 신화적으로 채색하는 용어들이 가득하다. 하지만 이어진 구절들은 그와 반대로 이 만남이 처음부터 잘못된 것은 아닌가 하는 의구심을 불러일으키기에 충분하다.

태조가 그녀를 불러 관계를 맺었는데 그 가문이 한미한 탓에 임신시키지 않으려고 돗자리에 정액을 배출했다. 왕후는 즉시 그것을 흡수하였으므로 드디어 임신이 되어 아들을 낳았는데 그가 바로 혜종惠宗이다.

배출된 정액을 몸속에 집어넣어 임신하는 일이 가능할 리는 없다. 그만큼 오 왕후가 가진 여러 조건이 궁박했음을 우회적으로 드러내는 일화라 할 수 있다. 왕건은 그녀를 하룻밤 잠자리 상대 정도로 생각했지 미래까지 책임지기는 꺼렸던 것이다. 이는 앞으로 오 왕후에게 펼쳐질 운명을 암시하는 것이기도 했다.

너무나 강력했던 라이벌

고려가 건국되고부터 오 왕후의 처지는 더욱 궁색해졌다. 내로라하는 호족들의 딸들이 속속 왕비의 대열에 합류했던 것이다. 그중에서도 태조 왕건의 제3왕비인 신명순성왕후 유씨劉氏의 등장은 오 왕후의 일생에 가장 치명적인 위협이 되고 말았다.

유 왕후는 충주 호족 유긍달의 딸이었다. 그런데 이 유씨 가문은 왕건에게 아주 중요한 연합의 상대였다. 이들은 충청북도 일대의 가장 강력한 호족 세력이었다. 또 왕건의 목숨을 구하고 후백제를 멸망시키는 데 큰 전공을 세운 평산 호족 박수경과도 사돈 관계를 맺어 더욱 막

강한 힘을 자랑했다. 왕건 역시 이들의 눈치를 보지 않을 수 없을 만큼 그 위세가 하늘을 찔렀다.

그래서인지는 몰라도 유 왕후는 왕건의 왕비 중 가장 많은 자식을 두었다. 왕건과의 슬하에 5남 2녀를 두었는데 이 중 둘째 요堯와 셋째 아들 소昭는 뒤에 각각 3대 임금 정종定宗, 4대 임금 광종光宗으로 등극한다. 한 배에서 두 임금을 배출했으니 그녀는 고려왕조를 통틀어 가장 성공한 왕비라는 영광을 얻을 만하다. 반면 이는 장화왕후 오씨가 얼마나 유씨와의 알력으로 고통받았을지를 알려주는 대목이기도 하다.

실제로 제2왕후 오씨와 제3왕후 유씨는 한쪽이 죽어야 나머지 한쪽이 사는 치열한 라이벌로 세월을 보냈다. 그러나 승부의 추는 점차 기울어갔다. 든든한 배경을 가진 유 왕후가 승부의 주도권을 갖고 그렇지 못한 오 왕후는 비운의 여주인공으로 눈물을 흘리게 된 것이다.

왕건이 자황포를 내린 까닭은?

오 왕후는 아들 무武를 태자에 올리는 일에서부터 큰 좌절을 맛봐야 했다. 무는 어려서부터 '도량이 넓고 지략과 용기가 뛰어나다'는 평가를 받아 한 나라의 태자로서 부족함이 없는 자질을 보여주었다. 그러나 유 왕후가 아들 태泰를 낳으면서부터 문제는 복잡해지기 시작했다. 왕건이 오 왕후의 미천한 신분을 염려하면서 아들 무까지 임금으로서 실패하지는 않을까 두려워했던 것이다.

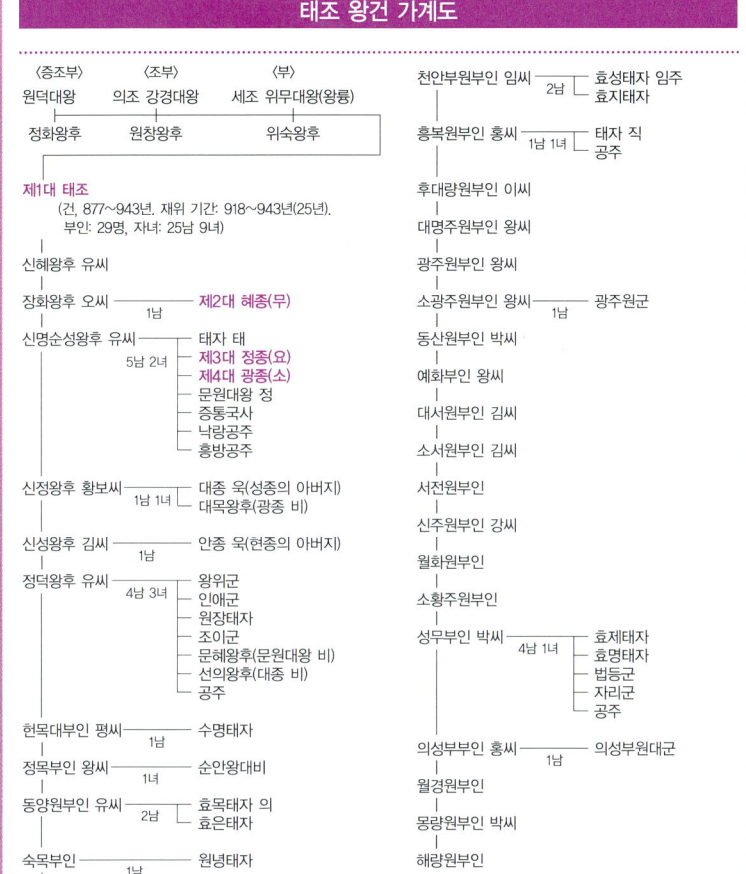

통일을 이룬 왕건에게는 29명이나 되는 아내가 있었는데, 이는 호족들의 반란을 방지하기 위해 결혼정책을 이용했기 때문이었다. 왕건은 이들 왕비로부터 25남 9녀를 얻었으며, 이 중 세 아들(혜종, 정종, 광종)은 훗날 왕위에 올랐다.

물론 왕건은 무를 아끼고 사랑했다. 그러나 아들이 단기필마의 형세로 늑대나 호랑이 같은 호족의 소굴에서 자칫 다치기라도 할까 노심초사했다. 그것은 이제 막 들어선 고려왕조에게도 치명상이 될 수밖에 없는 일이었다.

결국 왕건은 무를 태자로 세울 수 없으리라 판단했다. 그는 낡은 옷 상자에 자주색 황포黃袍(황제가 입는 옷)를 덮어 오 왕후에게 건네주었다. 비록 무를 태자로 세우지 못하더라도 '이것이 나의 마음이니 너무 실망하지 말라'는 뜻을 전하려 했던 것이다.

오 왕후는 하늘이 무너지는 듯한 절망감을 느꼈다. 하지만 왕비로서의 당당함과 자존감을 잃지 않았던 그녀는 거기서 주저앉지 않았다. 그녀는 왕건이 준 자황포를 박술희朴述熙(또는 朴述希)에게 보여줌으로써 도움의 손길을 청했다. 박술희는 고려의 개국공신으로 18세 때부터 왕건의 호위병으로 전쟁터를 누빈 맹장이었다.

자황포를 본 박술희는 왕건의 속마음을 눈치챘다. 그는 장자로 하여금 후사를 잇게 하는 것이 왕가의 법도라는 주장을 펴며 무를 태자로 책봉할 것을 주청했다. 개국공신인 박술희의 강력한 청이야말로 왕건에게는 다시 얻을 수 없는 명분이었다. 결국 오 왕후는 우여곡절 끝에 아들 무를 태자로 등극시킬 수 있었다.

이것은 유 왕후에게는 받아들이기 힘든 패배였다. 더구나 맏아들 태가 어린 나이에 세상을 뜸으로써 그녀의 슬픔은 몇 배로 커졌다. 결국 유 왕후는 와신상담 복수의 칼날을 갈게 되었다.

주름살 임금

왕건이 죽자 왕무는 고려의 2대 임금으로 즉위하여 혜종(재위 943~945년)이 되었다. 하지만 그의 재위 기간은 불과 2년이었다. 이 짧은 기간 동안에도 그는 암살기도를 걱정하여 날마다 숙소를 옮겨가며 잠을 청할 정도로 불안한 나날을 보냈다.

왕건이 그를 태자로 봉할 때 앞날을 예측하지 못한 건 아니었다. 그래서 박술희를 고명대신顧命大臣(임금의 유언을 받들도록 임명된 신하)으로 삼아 혜종의 뒤를 돌보게 했다. 이마저 마음이 놓이지 않자 진천의 호족 임씨의 딸을 태자빈으로, 경기 호족 왕규의 딸을 두 번째 빈으로 맞게 하는 등 이중삼중의 안전망을 쳐놓았다. 하지만 이 같은 노력도 냉혹한 권력투쟁의 현실 앞에서는 무용지물이었다.

혜종의 불안한 위치와 관련하여 『고려사』에는 다음과 같은 기록이 있다.

> 그(혜종)의 얼굴에 돗자리 무늬가 있었다 하여 세상에서는 혜종을 '주름살 임금'이라 불렀다. 항상 잠자리에 물을 담아두고 팔을 씻으며 놀기를 즐겼다 하니 참으로 용의 아들이었다.

오 왕후가 돗자리에 배출한 왕건의 정액을 몸에 넣어 임신을 한 까닭에 혜종의 얼굴에도 돗자리의 줄진 무늬가 있었다는 것이다. 그래서 세상 사람들이 그를 '주름살 임금'이라고 불렀다는 것인데, 그만큼 혜종이 평소에 근심걱정이 많았음을 드러내는 표현이기도 하다. '근심걱정'이란 말할 것도 없이 그의 자리를 호시탐탐 노리는 동생 요와 소, 그 뒤를 받치고 있는 유 왕후와 호족 세력의 음험한 기도를 말하는 것이었다.

실제로 이때 유 왕후 쪽은 호족 세력을 총동원하여 혜종을 압박하고 있었다. 서경 호족인 왕식렴, 청주 호족 김긍률, 왕요의 장인 박영규 등을 끌어들여 혜종과 박술희, 왕규 등을 포위한 채 왕위 찬탈의 그날만을 기다리고 있었던 것이다. 혜종이 날마다 잠자리를 바꿔 위험에 대비해야 할 만큼 이들의 행동은 노골적이고 위협적이었다.

이처럼 왕이면서 왕 대접을 받지 못하는 아들을 바라보면서도 어미로서 그런 아들의 든든한 바람막이가 돼줄 수 없었던 오 왕후의 마음은 천 갈래, 만 갈래로 찢어지고 있었다. 사서에는 이 무렵 오 왕후의 심정을 대변하는 말은 기록되어 있지 않지만, 포식자에게 뜯어 먹히는 새끼를 보면서 아무 저항도 할 수 없는 나약한 짐승처럼, 그녀도 울부짖고 있었음에 틀림없다.

유 왕후의 승리

왕위를 둘러싼 이복형제들 간의 다툼은 더욱 절정을 향해 달려갔다. 이 무렵 유 왕후 세력의 횡포를 보다 못한 왕규는 혜종에게 왕요와 왕소 형제가 역모를 꾀하고 있다고 고발했다. 보통의 경우라면 이 고발이 사실인지 아닌지를 가리기 위해 왕요 형제를 잡아들여 엄하게 국문을 해야 했을 것이다.

그러나 혜종은 뜻밖의 결정을 내렸다. 왕규의 고발이 무고임을 나무라고 오히려 왕소에게 자신의 맏딸을 주어 아내로 삼게 했던 것이다. 혜종은 왕규의 말이 사실임을 누구보다 잘 알고 있었다. 하지만 자신의 허약한 힘으로는 왕요 형제에 맞서 싸울 수 없다는 걸 알고 화해의 손길을 내민 것이었다.

『고려사』는 이 일 이후 왕규가 반역할 마음을 품었다고 기록했다. 그가 밑에 두고 부리던 부하들을 시켜 왕의 침소에 벽을 뚫고 들어와 시해하려고 했다는 것이다. 그런데도 혜종은 그런 왕규를 벌주려 하지 않았다고 한다. 그런데 사실 이는 그 시해 음모가 왕규의 소행이 아니었음을 말해주는 것이다. 왕규는 태조 왕건이 박술희와 함께 혜종의 뒤를 부탁한 신하였다. 그런 그가 혜종을 암살하려 했을 리 없으며, 오히려 왕요와 유 왕후 세력이 이 일을 꾸민 것으로 보는 편이 옳다. 사서는 승리한 사람들의 입장에서 반역의 죄를 애꿎은 왕규에게 뒤집어씌우고 있는 것이다.

이처럼 불안한 나날이 계속되는 가운데 혜종은 병을 얻어 죽고 말았다. 사서는 "왕의 병환이 위독한데도 군신들은 들어가 뵙지 못하고 아첨하는 소인의 무리가 항상 왕의 곁에 있었다. 무신년에 중광전에서 붕어하니 재위는 2년이며 수는 34세였다"라고 전하고 있지만, 혜종이 병사했다는 말은 완전히 믿기 어려운 게 사실이다.

왕위 쟁탈의 혼란 속에서 그가 마음과 몸에 병을 얻었을 가능성도 있다. 하지만 왕요나 그를 추종하는 세력에 의해 암살됐을 가능성도 무시할 수 없기 때문이다. 이와 관련된 가장 큰 증거는 왕요가 왕위에 등극하며 신하들의 추대를 받았다는 기록이다.

보통 왕위는 선왕에 의해 태자 혹은 세자로 책봉된 왕자나 불가피한 경우라도 왕의 지명에 의해 잇게 하는 것이 보통이었다. 그러나 왕요(정종)가 신하들의 추대에 의해 즉위했다는 것은 혜종이 눈을 감는 순간까지 끝내 다음 왕을 지명하지 않았거나 혹은 지명된 사람을 무시하고 왕요 스스로 왕위에 올랐음을 의미한다.

무엇이 진실이든 간에 결국 유 왕후 세력은 기나긴 왕위 쟁탈전에서 승리를 거뒀다. 첫 아들 태의 죽음 이후 무려 20년. 유 왕후는 그 기나긴 세월 동안 오직 아들을 임금으로 만들기 위해 절치부심하다가 끝내 뜻을 이룬 것이다. 그리고 두 임금의 모후가 되어 역사의 승자로 기록되기에 이른다. 그녀 역시 집념의 여인으로서 대단한 여걸풍의 인물이 틀림없었던 것 같다.

역사의 뒤안길로 사라지다

정종의 등극 이후, 혜종 편에 섰던 이들은 패배에 따른 대가를 치르지 않으면 안 되었다. 왕건의 유지를 받들었던 대신 박술희는 유배당했다가 살해되었다. 사서는 이를 왕규의 소행이라 밝히고 있지만 개국공신을 죽인 책임을 왕규에게 떠넘기기 위한 조작에 지나지 않았다.

두 마리의 봉황이 빈틈없이 묘사돼 있는 고려시대의 거울. 조용히 거울을 바라보며 슬픔으로 가득한 삶에 눈물지었을 우왕후의 모습이 떠오르는 듯하다. 국립중앙박물관 소장.

왕규 역시 죽음을 피할 수는 없었다. 그는 반역죄로 몰려 갑곶으로 귀양 갔다가 그곳에서 개경파 신하 3백여 명과 함께 처형됐다고 한다. 3백여 명이라면 결코 적지 않은 숫자였다. 그만큼 음으로 양으로 혜종의 위치를 동정하며 따르던 신하들이 적지 않았음을 나타낸다. 정종의 입장에서는 이처럼 피비린내 나는 숙청이 아니고서는 왕위를 둘러싼 소음을 완전히 잠재울 수 없으리라 생각했던 것 같다.

장화왕후 오씨가 이 무렵 어떤 상황을 맞고 있었는지는 알려진 것이 없다. 사서는 왕건에게 자황포를 받은 이후의 생애에 대해서는 기록하지 않고 있기 때문이다. 다만 "그녀가 죽으니 시호를 장화왕후라고 했다"는 기록이 있을 뿐이다. 그 외에 그녀가 언제 죽었는지, 능은 어디에 두었는지 등에 대해서는 전혀 알려진 것이 없다.

어쩌면 그녀는 혜종의 등극 이전에 죽었을 수도 있고, 아니면 아들의 죽음까지 지켜본 뒤 한 많은 여생을 마쳤을 수도 있다. 다만 그녀가 죽은 뒤 장화왕후라는 시호를 정했다는 대목에서 그녀가 혜종 이후까지 살아있었을 것이라 조심스레 추측해볼 뿐이다. 혜종 이전에 죽었다면 아마도 그녀는 황태후로 추존되었을 가능성이 높기 때문이다.

아무튼 그녀는 역사의 패자가 됨으로써 많은 것을 빼앗겨야 했다. 아들도 잃었고, 태후로서 인정받을 권리도 잃었다. 그것만 잃은 게 아니었다. 혜종은 의화왕후 임씨와 궁녀 애이주와의 사이에서 모두 2남 3녀를 얻었다. 그런데 이들 자식들은 모두 후손이 없었다고 알려져 있다. 이는 정종의 즉위 이후 이들의 신변에 큰 문제가 생겼음을 암시한다. 즉, 오 왕후는 사랑하는 자식에 이어 손자, 손녀들까지 권력투쟁의 희생물로 빼앗길 수밖에 없었던 것이다.

이유는 오직 하나. 그녀가 집안의 배경이라는 든든한 밑천을 갖지 못했기 때문이었다. 그녀의 생애가 더욱 가련하게 느껴지는 까닭이다. 오 왕후 자신으로서도 차마 눈이 감기지 않는 한이 남았을 것이다.

남·은·이·야·기
정신병에 걸려 죽은 정종의 불행

이복형인 혜종을 몰아낸 정종 역시 행복한 삶을 영위하지는 못했다. 그는 즉위한 직후부터 평양으로 천도해 고구려의 옛 땅을 회복하겠다는 웅대한 야망을 품었다. 왕건이 훈요십조를 통해 강조한 북진정책의 완성을 위해서라는 명분이었다. 그러나 정종의 꿈은 개경 출신의 대신 3백여 명을 처형한 일로 갖게 된 크나큰 죄책감 때문이라고도 전해지고 있다.

실제로 그는 불사를 일으키고 승려를 양성하는 등 즉위 과정에서 흘린 피를 씻기 위해 많은 노력을 기울였다. 그런데 948년 동여진에서 바친 진상품을 검열하던 중 갑자기 내리친 우레와 천둥소리에 놀라 그만 경기가 들고 말았다. 이후 정종은 병석에서 일어나지 못하다가 다음해 3월 눈을 감았다. 바라던 대로 왕위는 차지했으나 그것으로 인해 마음과 정신의 병을 얻었던 것이다. 인생사 모든 일이 그에 합당한 대가를 치르지 않고는 이뤄지지 않는다는 사실이 증명되는 듯하다. 정종은 이렇게 27세라는 한창 나이에 죽고 그의 동생 왕소가 즉위하여 광종이 되었다.

왕건을 기다리느라 비구니가 되었던 신혜왕후

왕건의 첫 번째 부인 신혜왕후神惠王后 유씨柳氏(882?~943년) 또한 슬픔을 가진 여인이었다. 경기 북부의 호족 유천궁의 딸로 태어난 그녀는 901년 무렵 왕건을 만났다. 사서는 당시 상황을 이렇게 전한다.

"신혜왕후 유씨는 정주貞州 사람이니 이중대광 유천궁의 딸이다. 유천궁의 집은 큰 부자여서 고을 사람들이 장자長者의 집이라고 불렀다. 태조가 궁예의 부하로서 장군이 되어 군대를 거느리고 정주를 지나가다가 늙은 버드나무 아래서 말을 쉬고 있을 때 왕후가 길옆의 시냇가에 서있었다. 태조가 그 얼굴의 덕성스러움을 보고 '누구의 딸이냐'고 물으니 처녀는 '이 고을의 장자 집 딸입니다'라고 대답했다. 태조가 그 집으로 가서 묵었는데 군사들 모두를 아주 풍성한 음식으로 대접했다. 그리고 처녀로 하여금 태조를 모시고 자게 했다."

그러나 이것은 긴 이별의 시작이기도 했다. 홀홀하게 길을 떠난 왕건은 그녀의 존재는 까맣게 잊은 듯 다시 찾아오지 않기 때문이다. 신혜왕후는 그렇지 않았다. 첫 정을 맡긴 왕건을 잊지 못했던 것이다. 이후 그녀는 정조를 지키기 위해 머리를 깎고 비구니가 되었다. 왕건은 시간이 흐른 뒤에야 이 소식을 듣고 그녀를 데려다가 부인으로 삼았다고 한다.

비록 아이를 낳지 못해 왕후의 역할을 다할 수는 없었지만, 그녀는 지략과 용기를 겸비한 여장부 스타일의 여인이었다고 전한다. 왕건이 궁예를 폐하고 고려를 세울 때의 일화도 그러한 모습을 잘 드러내준다.

어느 날 홍유, 배현경, 신숭겸, 복지겸 등이 거사를 모의하기 위해 왕건의 집으로 찾아왔다. 이들은 유씨가 이야기를 들을까봐 일부러 채소밭의 오이를 따달라고 부탁했다. 하지만 낌새를 알아차린 유씨는 병풍 뒤에 숨어 남편과 이들의 이야기를 엿들었다. 부하들의 간청에도 불구하고 왕건이 주저하는 모습을 보이자 그녀는 병풍 뒤에서 뛰어나와 이렇게 소리쳤다.

"대의를 내세우고 폭군을 갈아치우는 것은 예로부터 있던 일입니다. 지금 여러 장군들의 이야기를 들으니 저도 의분을 참을 수 없는데 하물며 대장부야 말할 것이 있겠습니까?"

그러면서 유씨는 손수 갑옷을 가져다가 왕건에게 입혀주며 거사에 나서도록 채근했다고 한다. 그녀가 아니었다면 왕건의 고려 창업은 훨씬 어려운 길을 걸어갔을지 모를 일이다.

이처럼 신혜왕후 유씨는 남편을 보필하는 일에 최선을 다한 여인이었다. 태조 16년 후당後唐의 명종은 그녀를 하동군부인河東郡夫人으로 봉하면서 "국가 대사를 좋은 계책으로 보좌하여 충절을 이루었으며 남편을 섬기는 데 유순하고 현명하였다"는 내용의 글을 보낸 적이 있다. 이 역시 한 여인으로서, 또한 한 국가의 신하로서 그녀가 이룬 뛰어난 공적을 보여주는 예이다.

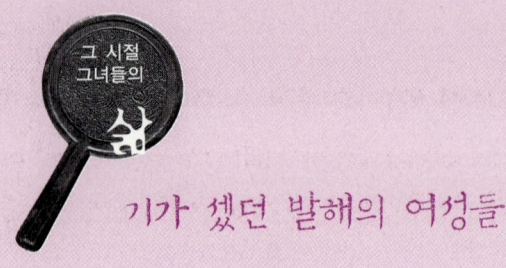

기가 셌던 발해의 여성들

고려의 통일 이전, 신라와 함께 남북국시대를 이루었던 발해의 여성들은 어떤 생활을 영위했을까? 정암靜庵 김육불金毓黻이 1935년 집대성한 발해역사서 『발해국지장편』에 이와 관련한 흥미로운 기록이 실려 있다.

이 책에 의하면 발해의 여성들은 대단히 드세고 활달한 기상을 갖고 있었다고 한다. 따라서 발해의 남성들은 부인의 등살에 성적 방종을 누리고 싶어도 그럴 수 없는 처지였다.

"대씨가 다른 성받이와 혼인을 하였다. 열 자매는 자기들의 지아비가 측실을 맞는 것을 용납하지 않았다. 만약 측실을 얻은 지아비가 나들이했다는 소식을 들으면 반드시 그 애첩을 독살하려 모의하였다. 어떤 지아비가 첩을 얻었는데도 아내가 이를 알지 못하면 여러 부인이 떼지어 모여 매질을 하고 다투어 투기했다."

이처럼 기세등등한 여성들 덕분인지 발해 사회에는 홍등가나 첩 제도가 없었다고 한다. 발해가 고대 사회의 일반적인 관행과는 달리 일부일처제를 고수한 데에는 이런 저간의 사정이 있었던 것이다. 이는 이웃나라들로부터 발해의 '진풍경'이라 불리기도 했다고 한다. 발해의 일부일처제와 남성들의 성적 순결은 여성들의 단합투쟁으로 쟁취한 빛나는(?) 전리품이었던 셈이다.

설죽화

고려의 구국혼

하얀 눈 속의 새파란 대나무

설죽화雪竹花는 거란 침입군과의 싸움에서 크게 공훈을 세운 유명한 소녀의 이름이다. 그녀의 생애는 정사正史에서는 보이지 않고 오직 야사野史에 전할 뿐이다. 그렇다고 해서 그녀의 생애가 허구라고 단정지을 수는 없다.

그 시대에 설죽화라는 인물이 실재했고 세인들의 입에서 입으로 전해질 만한 분명한 모티브가 있었던 건 틀림없다. 그것이 전승되고 전승되어 전설과 같은 이야기로 정착했고 오늘날까지 전해 내려왔다고 보는 것이 훨씬 자연스러운 해석이다. 이것은 마치 평강공주와 온달의 경우와 비슷한데, 차이가 있다면 두 사람의 얘기는 사가史家의 눈에 띄었고 설죽화는 그렇지 못했다고 보아야 한다.

설죽화는 조국을 위해 싸울 것을 맹세하고는 "한 번 결의한 것은 바뀌는 일 없이 일관되게 최후까지 싸워 깨끗하고 아름다운 꽃이 되고 싶다"며 "하얀 눈 속의 새파란 대나무에 꽃이 피었다면 얼마나 아름답겠습니까?"(임왕성 「설죽화」)라고 말했다고 한다.

남존여비의 봉건사회에서 여성이 남장을 하고 군대에 들어가 싸운다는 것은 아무래도 상상하기 어렵다. 실제로 여성은 아이를 맡아 키우는 일에 전념해야 하고 '칼붙이'라고 해봐야 무를 자르는 식칼 정도밖에는 손에 대지 않던 시대였다.

993년부터 1019년에 이르는, 약 30년간 거듭된 거란군의 침략을 격퇴하면서 최후까지 나라를 지켜낸 고려인의 투쟁에는 수많은 문무文武 신하들과 백성의 귀중한 희생이 있었다. 그 가운데에는 설죽화와 같은 어린 청소년들의 희생이 포함돼 있음은 물론이다.

설죽화는 나이 어린 소녀로서 나라와 민족을 위한다는 게 어떤 건지를 자신의 생애를 통해 보여주고 있다. 프랑스에는 오를레앙의 소녀 잔 다르크가 있었지만 설죽화는 그에 전혀 뒤지지 않는 구국혼의 상징이었다. 설죽화의 용기와 희생정신은 여성들뿐만 아니라 한 나라의 국민이라면 누구나 본받아야 할 모범이라 말하지 않을 수 없다.

전쟁으로 쓰러진 아버지

지금의 몽고 일대를 차지하고 있던 거란족은 10세기 초에 봉건국가를 수립하자 활발한 정복 활동을 벌였다. 이들은 발해를 멸망시켰을 뿐 아니라 만주 일대와 몽고 그리고 중국 북부를 수중에 넣는 등 맹렬한 기세를 떨쳤다.

당시 거란이 상대하던 중국의 국가는 송宋이었다. 그런데 송나라와 고려는 우호관계를 맺어 매우 밀접한 관계를 형성하고 있었다. 거란으로서는 이런 고려의 존재가 눈에 거슬릴 수밖에 없었다. 송나라를 전면적으로 공격하고 싶어도 배후에 있는 고려가 기습을 하면 꼼짝없이 당할 수 있었기 때문이다.

그래서 거란은 태조 왕건 당시, 사신과 함께 50마리의 낙타를 고려에 보내는 등 화친을 맺기 위해 노력했다. 하지만 왕건은 '거란은 한 민족인 발해를 멸망시킨 금수禽獸의 나라'라고 일축하며 사신들을 유배하고 낙타들은 만부교 다리 아래서 모두 굶겨 죽였다.

결국 고려와의 화친에 실패한 거란은 993년, 80만 대군을 이끌고 고려로 침입했다. 이것이 거란의 제1차 침입이었다. 이때 고려의 서희徐熙 장군은 역사에 길이 남을 뛰어난 외교술을 통해 적을 철수시키고 오히려 강동 6주의 땅을 획득하는 혁혁한 성과를 거뒀다.

1차 침입으로 아무런 소득을 올리지 못한 거란은 1010년 제2차 침략을 감행했다. 설죽화의 아버지 이관李寬이 전사한 것은 바로 이때였다. 그는 양규楊規 장군이 가장 신뢰하는 부하였으나 40만의 거란군이 일시에 침입해왔을 때 귀성龜城의 전투에서 장렬한 죽음을 맞이하고 말았다.

고려군은 이때 흉악한 적을 격퇴하는 데 성공했으나 용감한 장병을 많이 잃었다. 양규 장군은 부하에게 명하여 전사자의 유족에게 부고와 함께 유품을 보내도록 했다. 굴암산으로 피난 가 있던 설죽화와 어머니 홍씨 부인도 아버지가 전사했다는 비보와 유서를 받았다. 이제 겨우 열 살이던 어린 소녀 설죽화에게는 너무나도 끔찍한 소식이었다. 아버지의 유서에는 피가 번져 있었으며 다음과 같은 시가 한 수 적혀 있었다.

이 땅에 침략의 패거리
천만 번 쳐들어와도
고려의 자식들
미동도 하지 않네
내 자손들도 나와 같이
죽음을 각오하고 싸우리라 믿는 까닭에
나 장검을 번쩍 쳐들고
이 한 몸 바쳐 질주할 뿐이네

유서를 전해준 사자使者는 홍씨 부인에게 "용감하게 싸우던 이관이 적의 화살에 맞아 전사했다"고 전했다. 분명 자랑스러운 일이었지만 모녀의 가슴은 비수로 도려내듯 아플 수밖에 없었다.

설죽화의 맹세

부인은 그녀의 무릎에 얼굴을 파묻고 울고 있는 딸의 머리를 어루만지며 한숨을 쉬었다.

"아, 네가 만일 사내아이였다면 아버지의 유언을 지킬 수 있으련만……."

어머니의 말을 들은 설죽화는 눈물을 닦으면서 단호한 어조로 말했다.

"어머니! 어째서 여자는 아버지의 뒤를 이을 수 없어요? 여자는 적이 공격해와도 수건을 뒤집어쓰고 도망가기만 하잖아요. 저는 그러고 싶지 않아요. 아버지의 원수를 반드시 갚을 거예요!"

홍씨 부인은 딸의 이야기를 듣고 가슴이 뭉클해졌다.

"너의 그 말을 아버지께서 들으셨다면 얼마나 기뻐하시겠느냐!"

하지만 설죽화의 소망을 들어주는 건 너무나도 힘든 일이었다. 이미 남편을 잃었으니 피붙이라고는 오직 어린 설죽화 밖에는 남지 않았다. 그런 딸자식을 험하디 험한 남자의 세계, 게다가 목숨이 오가는 전쟁터에 보낼 수는 없는 노릇이었다.

그러나 설죽화의 집념도 만만치는 않았다. 그녀는 매일같이 어머니 앞에 꿇어앉아 아버지의 유언을 받들 수 있게 해달라고 졸랐던 것이다. 딸의 성화 앞에서 홍씨 부인의 마음도 조금씩 바뀌기 시작했다.

몇 날 며칠을 고민하던 홍씨 부인은 마침내 결단을 내렸다. 남편의 유언과 설죽화의 결심을 따르기로 한 것이다. 여기에는 홍씨 부인의 성품도 큰 영향을 미쳤던 것 같다. 그녀는 원래 무관 집안의 막내딸로서 남자처럼 대담하고 통 큰 마음을 지녔던 것이다.

한번 뜻을 정한 홍씨 부인은 그날부터 설죽화에게 무술을 가르치고 면학에 힘쓰도록 엄하게 지도했다. 설죽화의 무술 스승으로 홍씨 부인만한 사람은 없었다. 궁술·검술·창술 등 무예의 모든 분야에서 그녀는 뛰어난 실력을 가지고 있었기 때문이다.

훈련은 매일 계속되었다. 밤에도 어둠을 가르는 날카로운 기합소리가 들판에 울려 퍼졌다. 비가 오는 날에도 설죽화는 질풍같이 말을 달렸다. 그러던 어느 날이었다. 오랜만에 할아버지가 찾아오셨다. 그는 손녀딸이 무술을 배우고 있는 사실을 알고는 크게 노했다.

"아녀자가 무예 훈련을 하다니, 당치도 않은 일이야."

그리고는 설죽화의 혼처를 이미 정해놓았으니 그리 알고 혼례 준비를 하라는 엄명을 내린 채 돌아가 버렸다.

이 청천벽력 같은 말에 모녀는 깜짝 놀라 어찌할 바를 몰랐다. 한참을 고민하던 모녀는 서둘러 짐을 챙겨 몰래 산속 나무꾼의 집으로 거처를 옮겼다. 알고 지내던 나무꾼이었으므로 도움을 청할 생각이었다. 이리하여 설죽화는 어머니의 엄한 지도에 따라 토끼·사슴·승냥이 등의 동물을 상대로 궁술이나 검술 단련에 더욱 힘썼던 것이다.

소년 선봉대장

세월이 흘렀다. 산속에서의 불편한 생활로 홍씨 부인은 갑자기 병을 얻어 자리에 눕게 되었다. 설죽화는 밤낮을 가리지 않고 열심히 간병했다. 그러나 어머니의 병은 점점 심해질 뿐이었다. 이 상태로는 산을 내려갈 수밖에 없었다.

그런데 때마침 거란군이 다시 침입했다는 소문이 전해졌다. 1018년 12월의 일로 이번이 벌써 세 번째 침략이었다. 홍씨 부인은 설죽화에게 빨리 고려군에 가담하라고 재촉했다. 하지만 병이 든 어머니를 홀로 남겨두고 갈 수는 없었다. 설죽화가 망설이는 모습을 보이자 홍씨 부인은 이렇게 타일렀다.

"내 일은 염려하지 말아라. 어서 남장男裝을 하고서 전장으로 달려가렴. 그대로 가면 여자라고 해서 받아들이지 않는다. 또 강감찬 장군은 네 아버지를 잘 알고 계시니까 본명을 대지 말거라. 본명을 말하면 전투에 참가시키지 않을 것이다. 아, 나도 너와 함께 싸우고 싶지만 이런 몸으로 갈 수 없는 것이 한스럽구나……."

그러나 효심 깊은 설죽화는 이틀이 지나도록 집을 떠나지 않았다. 3일째 되던 날이었다. 설죽화가 약초를 캐서 오두막집으로 돌아와 보니 어머니의 모습은 보이지 않았다. 방바닥에 덩그마니 놓여 있는 건 한 장의 편지였다. 그것은 어머니가 남긴 것이었다.

"내 일은 걱정 말고 빨리 침략자를 토벌하거라."

설죽화는 놀라서 밖으로 뛰어나갔다. 주변을 샅샅이 찾아보았으나 어느 곳에도 어머니의 모습은 보이지 않았다. 설죽화는 비로소 어머니의 굳은 뜻을 깨닫고 전장에 나가기로 결심했다.

다음날 설죽화는 남장을 한 채 무기를 들고 강감찬 장군의 진영으로 향했다. 강감찬 장군은 고려의 명장으로 거란 침략군을 상대하는 고려의 최고 사령관이었다.

"장군을 만나게 해주세요."

고려군의 본영에 도착한 설죽화는 경비를 서던 병졸에게 부탁했다. 그 병사는 날카로운 시선으로 설죽화를 쳐다보며 무슨 일인가를 물었다. 순간적으로 설죽화는 "친척입니다"라고 말해버렸다.

그것이 성공했다. 병졸은 이상하다는 얼굴을 하면서도 상대가 어린 아이이기 때문에 의심하지 않고 강감찬 장군의 막사로 안내했다. 오랫동안 기다리고 있자니 안쪽에서 온화한 표정의 장군이 나왔다.

그는 한참동안이나 말없이 설죽화를 바라보았다. 소녀는 긴장했다.

"내 친척이라고? …… 정말이냐?"

"그것은 거짓말입니다. 아직 나이는 어리지만 거란 침략군과 싸우러 왔습니다."

"어디에서 왔느냐? 부친의 이름은?"

설죽화는 어머니의 분부대로 본명을 말하지 않고 아는 사람의 이름을 댔다. 그러자 장군은 다시 설죽화의 얼굴을 들여다보았다.

흰 얼굴에 오뚝한 콧날, 두 개의 눈동자는 머루처럼 새까맣게 반짝이고 불그스레한 뺨은 젊음의 생기로 넘쳐흐르고 있었다. 이마에는 단단하게 머리띠를 매고 저고리에 폭이 좁은 바지를 입은 모습은 날씬했다. 어느 모로 보나 씩씩한 미소년이었다.

"나라를 위해 도움이 되겠다는 너의 결심은 훌륭하다. 하지만 너는 아직 어리다. 외적과 싸울 기회는 앞으로도 얼마든지 있지. 그때도 늦지 않다."

설죽화는 '아버지의 원수를 갚고 싶기 때문입니다'라고 말하고 싶었으나 "나라를 지키는데 소년은 안 된다는 법이 있습니까? 중요한 것은 적을 무찌르겠다는 투지라고 생각합니다"라고 힘주어 말했다.

돌아서던 장군은 그 말을 듣고 설죽화를 돌아다보았다. 한참이나 형형한 눈길로 그녀를 쏘아보던 장군은 갑자기 껄껄 웃으며 말했다.

"하하하……, 당돌한 녀석이로구나. 좋아, 더 이상 묻지 않겠다. 그 창을 가지고 적과 싸우거라. 너에게 소년 선봉장 자리를 주겠다."

이렇게 해서 설죽화는 강감찬 장군 휘하의 소년 선봉장이 될 수 있었다.

고려의 꽃

10만여 명의 거란 정예군은 노도와 같이 고려 땅으로 밀려왔다. 그들은 단숨에 수도 개성을 점령하고 고려 왕의 항복을 받아낼 계획이었다. 적의 의도를 간파한 강감찬 장군은 그들이 청천강을 건너려고 할 때 둑을 터뜨려서 수공 작전을 펼쳤고 기병 부대로 반격했다. 그는 한편으로 수도를 철벽같이 지키고 적을 유도하면서 끌고 다니는 등 병량

兵糧 공격(적의 양식을 떨어지게 하는 병법술)에도 성공했다.

이듬해 1월, 굶주림과 추위로 몹시 지친 적군은 마침내 퇴각하기 시작했다. 이때 강감찬 장군은 전군에게 최후의 총공격을 명했다. 전투 개시의 신호와 함께 선봉의 큰북이 둥둥 울려 퍼지자 고려군은 함성을 지르면서 적군을 향해 돌격했다. 나라를 지키겠다는 일념으로 불타는 고려군의 기세는 하늘을 찌를 듯했다.

그때 강감찬 장군의 눈에 백마에 올라타 질풍처럼 뛰어들어 적군을 대혼란에 빠뜨리는 소년의 모습이 보였다. 설죽화였다. 소년은 눈부신 대활약을 하였다. 그의 뒤를 이어 적진으로 돌격하는 소년 선봉대도 용맹한 활약을 보이고 있었다. 장군은 자신도 모르게 감탄의 소리를 질렀다.

"오, 언제 저 정도의 무술을 몸에 익힌 것인가?"

이리하여 '고려군에 소년 장군이 있고, 소년 선봉대가 있다'는 소문이 적군을 벌벌 떨게 만들었다.

고려군은 도주하는 거란군을 추격하여 귀주龜州 일대(흥화진·용주·통주·철주·곽주와 함께 강동 6주의 하나로 지금의 귀성을 말한다)에서 대섬멸전을 전개했다. 최후의 승리가 눈앞에 다가왔다. 이때였다. 적이 쏜 화살이 설죽화의 가슴을 꿰뚫었다. 무심결에 몸을 뒤로 젖힌 말 위의 그녀에게 두 번째 화살, 세 번째 화살이 날아왔다. 상처는 너무도 깊어 애마의 등으로 피가 뚝뚝 흘렀다.

드디어 고려군 가운데에서 "와~!" 하는 승리의 대함성이 터져나왔다. 그러나 강감찬 장군이 있는 고려군 본영은 깊은 슬픔에 잠겨 있었다. 장군 앞에는 이미 숨이 끊어진 설죽화의 유해가 뉘어져 있었다. 그녀의 애마가 유해를 등에 태운 채 본영으로 돌아왔던 것이다.

전사한 설죽화의 가슴에는 유서가 감춰져 있었다. 그녀의 유서에는 자신이 이관의 딸이라는 것과 남장을 하고서까지 싸우고 싶었던 이유, 그리고 장군에게 사실을 밝히지 못한 점을 용서해 달라는 내용이 적혀 있었다.

강감찬 장군은 미소를 짓고 있는 듯한 그녀의 얼굴을 바라보면서 무겁게 가라앉은 목소리로 말했다.

"그대는 그 젊디젊은 목숨을 바쳐서 나라를 지켰다. 그 충심 결코 잊지 않겠네. 자네와 같은 젊은이가 있는 한 우리 고려는 어떤 외적이 쳐들어와도 흔들리는 일이 없을 것이다. 장하도다. 그대는 고려의 꽃이다. 고려의 진짜 딸이다!"

거란군을 격파하고 개선하는 고려군을 국왕은 영파역까지 마중 나왔다. 왕은 강감찬 장군의 머리에 황금으로 만든 여덟 개의 꽃을 얹어 주며 그 공적을 치하했다. 장군은 군중 앞에서 이렇게 말했다.

"이번의 대승리는 오로지 혼신의 힘으로 나라를 지킨 백성과 병사들의 활약에 의한 것입니다. 이 늙은이에게 무슨 공이 있겠습니까?"

장군의 눈에는 눈물이 빛나고 있었다. 그는 이미 71세의 고령이었다.

장군은 국왕에게 아뢰어 이번 전쟁에서 공로가 있는 용감한 자들을 모두 표창하도록 했다. 설죽화를 비롯하여 그의 아버지인 이관, 어머니 홍씨 부인에게는 각각 공신과 열녀의 칭호가 내려졌다. 그리고 일찍이 설죽화가 생활하고 무예를 단련했던 화반암 들판에는 그들 일가를 기리는 사당이 세워졌으며 매년 기념제를 지내고 있다고 전해진다.

　이처럼 한국 여성 중에서도 나라와 민족을 외적으로부터 구하기 위해 남장까지 하고 전쟁터를 누빈 인물이 있었다. 이제껏 한국 여성을 상징하던 것은 신분 고하를 막론하고 정쟁과 차별 속에서 한숨 지으며 꺼내는 눈물 손수건이라 해도 과언이 아니었다. 그러나 그런 눈물바람을 잠재우며 '더욱 커다란 나'를 위해 초개처럼 한 목숨 바칠 수 있는 기개를 보여줬다는 점만으로도 설죽화의 생애는 빛나는 가치를 지녔다고 말할 수 있다.

구국을 위해 칼을 든 여성 전사의 원형, 녹족 부인

야사에 전해오는 바에 의하면 설죽화 이전에도 나라를 위해 칼을 든 여성이 있었다. 고구려시대 수나라의 침략에 맞서 을지문덕 장군을 도왔던 남장 여인 녹족 부인鹿足夫人이 바로 그 주인공이다.

"녹족 부인은 어렸을 적 부모를 여의고 16세 때 어느 병법가에게 시집을 갔으며 이듬해에 쌍둥이를 낳았다. 이 쌍둥이는 모두 장군감이었는데 어느 날 소꿉놀이를 하다가 친구를 죽이게 되었다. 당황한 녹족 부인은 두 아이를 데리고 해변으로 도망쳐 중국 상선에 맡겼으나 이 배가 그대로 출항하는 바람에 생이별을 하게 됐다. 이후 남편마저 사별한 녹족 부인은 과부로 살다가 수나라가 침략해온다는 사실을 알고 나라에 목숨을 바치기로 결심한다.

남장을 한 채 을지문덕의 휘하에 들어간 그녀는 큰 전공을 세우게 되었다. 을지문덕이 혈혈단신으로 수군 진영에 찾아갔을 때, 그녀는 압록강가에 배를 댄 채 미리 기다리고 있다가 적 진영의 형세를 정탐하고 돌아오는 을지문덕을 추격대의 손에서 구출해냈다.

한편 이 무렵 전쟁터에는 이상한 소문이 돌았는데, 수군을 지휘하고 있는 사령관의 이름이 녹족 장군이라는 것이었다. 기이하게 생각한 녹족 부인은 적진으로 은밀히 침투해 그를 만나본 결과 오래 전 헤어진 아들 중 하나임을 알게 되었다.

기쁨의 눈물을 흘리던 녹족 부인은 녹족 장군에게 조국을 위하여 더 이상 헛된 전쟁을 치르지 말라고 당부한다. 이 말을 들은 녹족 장군은 홀연히 수군 진영에서 사라졌으며 지휘자를 잃은 수군은 살수대첩을 통해 큰 패배를 당한 채 귀국하게 되었다. 이렇게 하여 수나라의 침략은 실패로 돌아가고 고구려는 평화를 되찾게 된다. 그러나 고구려의 승리에 결정적인 기여를 한 녹족 부인은 어디론가 모습을 감춰 더 이상 찾아볼 수 없게 되었다."

이상이 녹족 부인 설화의 줄거리이다. 그저 전설 같은 이야기로 치부할 수 있겠지만 그 내용을 보면 실제의 역사적 사실과 맞아떨어지는 부분이 적지 않다.

당시 수군은 요동성 등 서만주 일대의 고구려군에 막혀 고전을 면치 못하다가 30만의 별동대를 뽑아 평양을 공격하도록 했다. 이때 고구려군을 지휘하던 을지문덕은 혼자의 몸으로 수군 진영을 찾아가 화의 협상을 벌이게 되었다. 그러나 협상은 깨지고, 돌아오던 을지문덕은 구사일생으로 수군의 추격을 뿌리치고 압록강을 건넜는데, 녹족 부인의 활약은 이런 역사적 사실을 모티브로 한 것이라 보인다.

또 당시 수나라의 양제(煬帝)는 "만약 고구려의 왕이나 을지문덕이 찾아오면 반드시 사로잡으라"는 명령을 내린 상태였다. 하지만 수군 진영의 장수들은 을지문덕의 늠름한 기세에 눌려 아무도 그 명령을 따를 생각을 못하였다. 특히 유사룡이라는 인물은 을지문덕의 인품에 반해 적극적으로 놓아줄 것을 주장하다가 전쟁 뒤 처형되기도 했다. 이 일은 고구려-수나라 전쟁의 승패를 가른 가장 극적인 계기이기도 했는데, 아마도 녹족 장군은 유사룡이라는 인물을 모델로 한 것이 아닐까 추측된다.

결국 녹족 부인 설화는 불세출의 명장 을지문덕 장군과 그 인덕에 감화되었던 유사룡의 이야기가 혼합되어 민중들이 좋아하는 이야기로 윤색된 것일 가능성이 높다. 이 이야기는 인기 있는 전쟁담으로 후세에 구전되었을 것으로 보이며 설죽화 역시 '녹족 부인'을 자신의 이상형으로 삼았을지 모를 일이다.

염경애
천 년의 세월을 이겨낸 지극한 사랑

심금을 울리는 부부의 사랑 이야기

이제부터 소개할 염경애(1100~1146년)란 인물은 고려 중기인 인종 시대에 살았던 여인이다. 그런데 이 여인은 사실 역사에 이름을 올릴 만큼 특별한 삶을 살지는 않았다. 역사의 한 페이지를 장식할 만큼 극적인 삶을 산 것도, 어느 한 방면에 뛰어난 업적을 남긴 것도 아니었다.

그럼에도 이 평범한 일생의 주인공이 주목을 받게 된 이유는 무엇일까? 그것은 남편과의 지극한 사랑 때문이었다. 그녀의 생애가 널리 알려지게 된 것은 남편 최루백(?~1205년)이 쓴 묘지墓誌(죽은 이의 이름, 행적 따위를 기록한 글)가 발견되면서였다. 이 묘지에는 그녀의 생애에 관한 참으로 아름다운 이야기가 담겨져 있다.

염경애는 신분 높은 귀족 가문의 딸로 수원의 향리계급 출신인 최루백과 결혼했다. 하지만 아무런 불평 없이 남편을 지극한 정성으로 대했고 초지일관 맑고 높은 사랑으로 내조에 힘썼다. 이처럼 지극한 헌신과 사랑이 남편을 감동시켜, 그 감동이 묘지로 남아 우리에게 전해질 수 있었던 것이다.

최루백이 남긴 묘지는 마치 아침 햇살에 빛나는 영롱한 이슬과도 같다. 이야기를 읽다 보면 우리는 이들 부부의 사랑을 통해 숙연함과 함께 마음이 정화되는 듯한 기분을 맛보게 된다. 이들의 이야기는 가장 아름다운 부부애의 전형으로 천 년이 지난 지금까지 우리의 심금을 울리고 있다.

뒤늦은 나이에 혼처를 정하다

염경애는 개경 귀족의 딸로 태어났다. 그녀의 아버지는 대부소경 염덕방이며 어머니는 의령군 대부인 심씨였다. 그녀의 집안은 내로라하는 문벌 귀족은 아니었지만 개경에서 나름 위치를 확고히 하고 있던 중소 귀족 가문이었다.

염경애는 25세에 이르러서야 결혼을 했는데 이는 당시 관습으로 보아 매우 과년한 나이였다. 결혼이 늦춰진 이유에 대해서는 알려진 것이 없다. 내성적인 성품 탓인지, 첫사랑에 실패했던 것인지, 아니면 집안에 갑자기 문제가 생겼던 것인지 정확한 이유는 알 길이 없다.

다만 이렇게 늦은 나이가 혼처를 정하는 데 많은 영향을 끼친 것은 분명해 보인다. 당시 귀족 가문의 처녀가 신분 낮은 향리 가문과 결혼하는 일은 극히 이례적이었다. 물론 최루백은 과거에 급제하여 앞날이 촉망되던 신진 관료였다. 하지만 자식의 혼사를 이용해 보다 높은 권력에 다가가려 한 것이 당시 귀족들의 일반적인 관행이었다. 너도나도 자기 집안보다 나은 집안에 자식의 혼처를 마련하려, 그 연줄로 권력을 잡고 부귀영화를 누리려 혈안이 됐던 것이다.

그러나 최루백은 신분적인 한계를 뛰어넘고도 남을 맑고 높은 기상을 가진 남자였다. 귀족 가문의 처녀인 염경애의 남편이 되기에 부족함이 없었던 것이다.

최루백에 대한 당대의 평가는 인자하고 공손하며 정직한 성품을 가졌다고 전한다. 그렇지만 누구보다 대쪽 같은 성품을 지녀 사리에 어긋나는 일에는 결코 타협하려 들지 않았다. 또 사대부로서 그는 유학에서 말하는 인간의 덕행을 충실히 지키려는 사람이었다. 이와 같은 면모는 특히 효행과 관련하여 나타났는데 그와 관련된 이야기는 『고려사』 「열전」에 실릴 정도로 유명했다.

호랑이를 잡아 아버지의 원수를 갚은 최루백

최루백의 아버지는 수원의 아전 상저였다. 하루는 그 아버지가 사냥을 나갔다가 그만 호랑이에 물려 죽고 말았다. 그때 루백의 나이는 겨우 15세였다. 그럼에도 그는 그 호랑이를 잡아 아버지의 복수를 하려 들었다. 어머니가 루백을 말리자 "아버지의 원수를 어찌 갚지 않을 수 있겠습니까"라고 말하고는 도끼를 메고 호랑이의 발자국을 따라갔다.

최루백은 산속을 헤맨 끝에 간신히 호랑이를 찾아냈다. 그런데 호랑이는 이미 아버지를 배불리 먹고 누워서 졸고 있던 중이었다. 그는 호랑이 앞으로 다가가 소리쳤다.

"네가 내 아버지를 먹었으니 나도 마땅히 너를 잡아먹을 테다!"

그러고는 도끼를 내리쳐 호랑이를 죽여버렸다. 루백은 호랑이의 배를 갈라서 부친의 뼈와 고깃점을 골라냈다. 호랑이의 고기는 따로 항아리에 담아 개울바닥에 묻고, 아버지의 유해는 그릇에 넣어 홍법산 서쪽에 묻었다. 그리고 무덤 앞에 묘려墓廬(시묘살이를 위해 무덤 곁에 지은 오두막)를 세워 놓고 그곳을 지켰다.

하루는 묘 앞에서 졸고 있는데 아버지 최상저가 나타나서 다음과 같은 시를 읊었다.

가양나무 헤치고서

효자 묘려 다다르니

가슴속엔 느낌 많고

기쁜 눈물 끝없구나!

날마다 흙 져다가

무덤을 꾸리나니

그 정성 누가 알까

밝은 달 푸른 바람뿐이네
생전엔 봉양하고
죽은 뒤엔 묘 지키니
뉘라서 너의 효성
시작과 끝이 없다고 하더뇨!

최루백이 깨어나자 아버지는 간 곳이 없었다. 루백은 아버지의 거상이 끝난 후 묻었던 범의 고기를 꺼내서 다 먹었다.

이것이 「열전」에 실린 효자 최루백의 일화이다. 효성도 효성이지만 남아일언중천금男兒一言重千金이라고, 한 번 입 밖에 꺼낸 말은 반드시 실천하는 그의 성품을 읽을 수 있다. 이처럼 강직한 성품은 염경애가 맞이할 결혼 생활을 암시한다고도 볼 수 있다.

그러나 염경애는 귀족 집안에서 곱게만 자란 온실 속 화초가 아니었다. 앞에서 최루백이 염경애의 남편이 되기에 부족함이 없었다고 했지만, 반대로 염경애도 최루백의 아내가 되기에 부족함이 없었다. 아니 염경애가 아니었다면 최루백은 결코 유능하면서도 청렴한 관리가 될 수 없었다고 보는 게 정확하다.

가난한 결혼 생활

그들 부부는 가난했다. 천성이 강직하고 집안이 미천한 탓에 최루백이 늘 한직閑職으로만 맴돌았기 때문이다. 역사가들의 연구에 따르면 고려시대 하급관리들은 다섯 명이 1년간 간신히 먹을 정도의 녹봉을 받았다. 그런데 최루백의 경우 부부 외에도 여섯 명의 자식들이 있었다. 또 묘지에 "돌아가신 우리 어머님을 효성으로 봉양하였고"라는 구절이 있는 것을 보면 부모님까지 모셔야 했던 것 같다.

결국 여덟아홉 식구가 쥐꼬리만 한 최루백의 녹봉에 의지해 생계를 이끌어가야 했다. 더구나 이런 가난은 염경애가 죽기 1년 전까지 20여 년이나 계속되었다. 한 가정의 살림을 꾸려나가는 안주인으로서 그녀가 겪어야 했을 고통이 눈앞에 그려지는 듯하다.

하지만 염경애는 불평하지 않았다. 오히려 며느리, 아내, 어머니로서의 역할에 더욱 최선을 다했다. 이런 그녀를 두고 최루백은 "아내는 사람됨이 아름답고 조심스럽고 정숙했다. 자못 문자를 알아 대의大義에 밝았고 말씨와 용모, 일솜씨와 행동이 남보다 뛰어났다"고 평하고 있다. 한마디로 그녀의 성품과 행동거지는 '현모양처'의 자격과 기준에 딱 들어맞는다고 할 만했다.

그러나 제아무리 맑고 고운 사람일지라도 이슬을 먹고 살 수는 없는 법이다. 우선은 자식들의 입에 밥을 떠먹이고 책을 사서 공부를 가르쳐야 했다. 그 몫은 염경애의 차지가 되었다. 그녀는 밤낮으로 길쌈과 품앗이를 하며 모자란 돈을 벌어야 했다. 그러나 아녀자의 힘으로 가난을 헤쳐가기란 쉽지가 않았다. 현실이 너무 야속하고 힘에 겨워지면 참을성 많은 그녀도 깊이 절망할 때가 있었다.

"당신은 책을 읽는 분이니 다른 일에 힘쓰는 것이 중하지는 않습니다. 저는 집안의 의복과 식량을 구하는 것이 맡은 일이나, 비록 힘써서 구하더라도 뜻과 같지 않은 경우가 있습니다. 불행하게도 뒷날 제가 천한 목숨을 거두게 되고 당신은 후한 녹봉을 받아 모든 일이 뜻대로 되더라도, 제가 재주 없었다 하지 마시고 가난을 막던 일은 잊지 말아 주세요."

염경애의 한과 고통이 당장이라도 절절하게 배어나올 것만 같은 말이다. 하지만 이런 절망의 순간이 지나가면 그녀는 또 언제 그랬냐는 듯 힘차게 생활이라는 괴물과 싸워나갔다.

헌신적인 내조

아내의 헌신적인 내조를 바탕으로 최루백은 관직 생활을 이어갔으나 승진과는 관계가 멀었다. 요즘으로 치면 만년 계장 정도인데, 남들이 꺼리는 외지 근무로 오랜 시간을 떠돌았던 것 같다. 염경애는 때로 그런 남편을 따라다니며 뒷바라지하거나 혹은 개경의 집을 지키며 아내의 도리를 다했다. 최루백은 그런 아내에 대한 고마운 마음을 이렇게 전하고 있다.

내가 패주와 중원 고을의 수령으로 갔을 때 산을 넘고 물을 건너는 어려움을 꺼리지 않고 함께 천 리 길을 가고, 내가 군무軍務에 종사하는 동안에는 가난하고 추운 규방을 지키면서 여러 차례 군복을 지어 보내 주었다. 또 내시직內侍職(고려시대의 내시는 거세된 환관이 아니라 임금의 비서 역할을 하는 엄연한 사대부의 직책이었다)에 임했을 때는 있는 것 없는 것을 다 털어서 음식을 만들어 보내기도 하였으니, 나를 좇아 어려움을 겪은 23년간의 일을 일일이 다 적을 수가 없다.

이런 어려움 속에서도 염경애는 자식 교육에 소홀하지 않았다. 앞서도 말했듯 염경애 부부는 여섯 명의 자식을 두었는데 이 중 네 명은 아들이고 둘은 딸이었다. 염경애는 아들 셋을 버젓한 유학자로 길러내고 막내아들은 출가시켜 스님이 되었다. 첫딸은 흥위위녹사 최국보에게 시집보냈고 막내딸은 그녀가 죽을 무렵 아직 어린 나이였다. 이로 보아 염경애는 자식 교육에도 성공했음을 알 수 있다.

고난의 세월을 무사히 견딘 탓인지 말년에는 한줄기 희망의 빛이 떠오르기도 했다. 그녀가 눈을 감기 1년 전, 최루백이 '우정언지제고右正言知制誥'라는 정6품 벼슬에 오른 것이다. 이 일은 왕의 잘잘못을 가려내 간언하거나 왕이 반포하는 조서, 교서 등의 글을 지어 바치는 이른바 청요직淸要職의 하나였다. 늦었기는 하지만 비로소 벼슬길에 운이 트였다고도 할 수 있었다.

그녀는 너무 기뻐 "비로소 우리의 가난이 가시려나 봅니다"라고 말했다. 그러나 야속한 남편은 그런 아내를 핀잔할 뿐이었다.

"간관諫官은 나라의 녹이나 먹으려는 자리가 아니오."

그녀는 이렇게 답했다.

"어느 날 당신이 궁전의 섬돌에 서서 임금과 더불어 옳고 그름을 논하게 된다면, 저는 비록 가시나무 비녀를 꽂고 무명치마를 입고 삼태기를 이고 살아가게 되더라도 이를 달게 여길 것입니다."

최루백이 청렴과 강직을 잃지 않을 수 있었던 건 오직 그녀의 뒷바라지 덕분이었다. 그런데도 그녀는 자신의 내조가 가난을 면하려는 목적에 있었던 게 아님을 새삼 강조하지 않으면 안 되었다. 그것이 목적이었다면 자존심 강한 그녀로서 지난 20여 년의 시간이 너무나 아깝고 억울했을 것임에 틀림없다. 그러나 이제껏 가정의 생활을 책임져온 여인으로서 단 하루라도 끼니 걱정, 의복 걱정 없이 발 뻗고 잠드는 게 무엇보다 큰 행복이었을 것이라는 점도 틀림없는 사실이다.

천 년에 남을 이름을 기리다

'호사다마'라는 말은 염경애의 생애에도 꼭 들어맞았다. 아니면 그녀가 지난날 남편에게 했던 "불행하게도 뒷날 제가 천한 목숨을 거두게 되면……"이라는 말이 예언이 되었는지도 모르겠다. 이제 막 생활이 펴고 행복이 찾아올 무렵, 그녀는 덜컥 병에 걸리고 말았던 것이다. 최루백이 청요직에 오른 지 불과 수개월 만의 일이었다.

염경애는 이듬해 정월(1146년, 인종 24년) 병이 위독해져 마침내 눈을 감았다. 이때 나이 47세였다. 묘지에 따르면 그녀는 죽을 때 남편과 자식들에게 유언을 남겼는데 새겨들을 만한 것이 많았다고 한다. 하지만 아쉽게도 묘지는 그 내용이 무엇이었는지에 대해서는 전하고 있지 않다. 틀림없이 그녀의 성품을 그대로 반영하는 기품 있는 당부가 주된 내용이었을 것이다. 그녀의 장례는 불교식으로 치러졌다. 시신은 순천원에 안치되었다가 2월에 화장하여 청량사라는 절에 두었다. 그리고 3년 뒤에 인효원 동북쪽에서 장례를 치러 아버지의 묘 옆에 안장했다.

흥미로운 것은 염경애 사후 최루백의 행보가 그녀의 말대로 전개되었다는 점이다. 최루백은 아내가 죽던 해 여름 우사간右司諫에 오르고 12월에는 좌사간左司諫으로 옮겼다. 또 이듬해에는 시어사侍御史가 되었다가 예부낭중禮部郎中, 청주 부사副使가 되는 등 순탄하게 벼슬길을 달렸다. 하지만 그는 이렇게 고백하고 있다.

"여러 번 벼슬이 오르면서 후한 녹을 먹게 되었는데, 집안을 돌아보면 의식衣食은 오히려 아내가 애써서 구할 때보다도 못하니, 누가 아내를 일컬어 재주가 없다고 하겠는가."

"제가 재주 없었다 하지 마시고 가난을 막던 일은 잊지 말아주세요"라는 부탁 그대로 이뤄진 것이다. 그만큼 염경애의 빈자리는 무엇으로도 메우지 못할 만큼 컸다.

최루백은 아내의 장례를 맞아 손수 묘지를 썼다. 이는 고려시대의 것으로 남아 있는, 여성의 생애를 다룬 34개의 묘지 가운데 유일하다. 묘지에서 최루백은 아내에 대한 사랑을 이렇게 드러냈다.

고려 중기의 문신이자 효자로 이름난 최루백이 죽은 부인 염경애를 위해 직접 지은 묘지명이다. 가난한 하급 관료 시절 가계를 위해 헌신한 아내의 아름다운 생애와 그녀를 잃은 애통한 마음이 담겨 있다. 국립중앙박물관 소장.

명銘하여 이른다

미쁨을 찾아 맹세하노니 그대를 감히 잊지 못하리라

우리 함께 무덤에 묻히지 못하는 일이 매우 애통하도다

아들딸들이 있어 나르는 기러기 떼와 같으니

부귀가 대대로 창성할 것이다

아내에 대한 가없는 사랑의 표현이자 그 혼에 대한 진심 어린 위로이기도 했다. 그리고 최루백은 묘지의 앞부분에 이렇게 밝혔다.

아내의 이름은 경애瓊愛이다.

이로써 염경애는 이름을 얻었다. 이제야 이름을 얻다니 조금 이상한 얘기지만 여성이 ○○의 아내, ○○의 딸, ○○의 어머니로 불리던 봉건시대에는 아주 특별한 일임에 틀림없었다. 그것은 사랑으로 부활한 이름이요, 천 년이 다 가도록 사람들의 뇌리에 각인

되어 칭송될 이름이기도 했다. 이것이 그들의 순애보였다.

* 묘지문은 김용선 교수의 해석을 기초로 읽기 편하게 고쳤다.

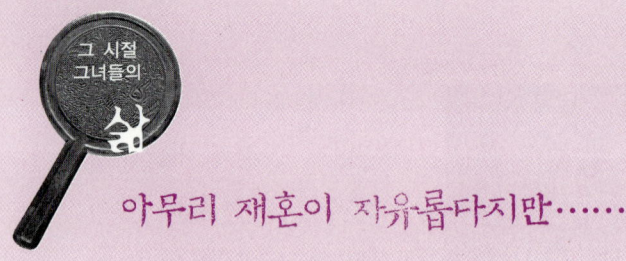

아무리 재혼이 자유롭다지만······

고려는 문벌 귀족들이 중심인 사회였는데 이는 곧 가문이 좋아야 출세할 수 있음을 의미했다. 때문에 신분이 상대적으로 낮은 사람들은 인위적으로라도 가문의 지위를 높이기 위해 갖은 애를 쓸 수밖에 없었다. 결혼이 신분상승을 위한 유력한 방법으로 떠오른 것은 이런 배경 속에서였다.

남자 쪽에서는 가문의 지위가 낮은 경우 결혼을 통해 처가의 지위를 이용하려 하고, 여자 쪽은 좋은 가문 출신 남자를 사위로 맞기 위해 공들여 키운 딸을 내놓는 등 고려 귀족 사회의 혼례는 난맥상을 이룰 만큼 혼란스러웠던 게 사실이다. 여기에 이혼과 재혼이 자유로웠던 사회 분위기까지 더해져 신분이 낮은 배우자를 내치고 출세를 위해 정략결혼을 하는 경우가 흔히 발생했다.

『고려시대 사람들 이야기』라는 책에는 그와 관련된 일화들이 수록되어 있는데, 13세기에 살았던 손변孫抃이라는 벼슬아치의 경우도 비슷했다. 손변은 성품이 강직하고 실무에 밝아 높은 평가를 받던 인물이었다. 모두가 그의 출세를 점쳤지만 그에게는 한 가지 치유할 길 없는 흠결이 있었다. 그의 처가가 서족庶族(서자 자손의 일족)인 까닭에 그의 집안까지 무시를 당했던 것이다.

자신이 남편의 출셋길을 막고 있다며 괴로워하던 아내는 "당신이 처가 때문에 청요직에 오르지 못하니 차라리 나를 버리고 좋은 가문에 재취하기 바랍니다" 하고 청했다. 다행히 손변이라는 인물은 그 됨됨이가 남달라서 이렇게 아내를 달랬다고 한다.

"내가 벼슬을 얻기 위해 30년을 함께한 조강지처를 버린다는 것은 차마 못할 일이요."

그는 끝까지 신분 낮은 아내를 버리지 않았고 이후 스스로의 노력으로 추밀원 부사, 상서좌복야 같은 요직에 올라 세인들로부터 더욱 큰 칭송을 받았다고 한다.

또 권수평이라는 벼슬아치 역시 왕실의 친위군에 들어가자 친구들로부터 "지금의 아내를 버리고 재력 있는 부잣집 딸과 재혼하여 장래를 기약하라"는 권고를 받았다고 한다. 이렇듯 출세를 위한 가문 높이기의 일환으로 이혼하고 재혼하는 일은 고려 사회에서 그리 드물지 않았다. 경우는 조금 다르지만 최루백과 염경애 부부의 사랑이 보다 높은 평가를 받았던 것은 이와 같은 천박한 사회 풍토에 귀감이 될 만한 일이어서인지도 모르겠다.

4 | 욕망과 억압 사이, 조선시대

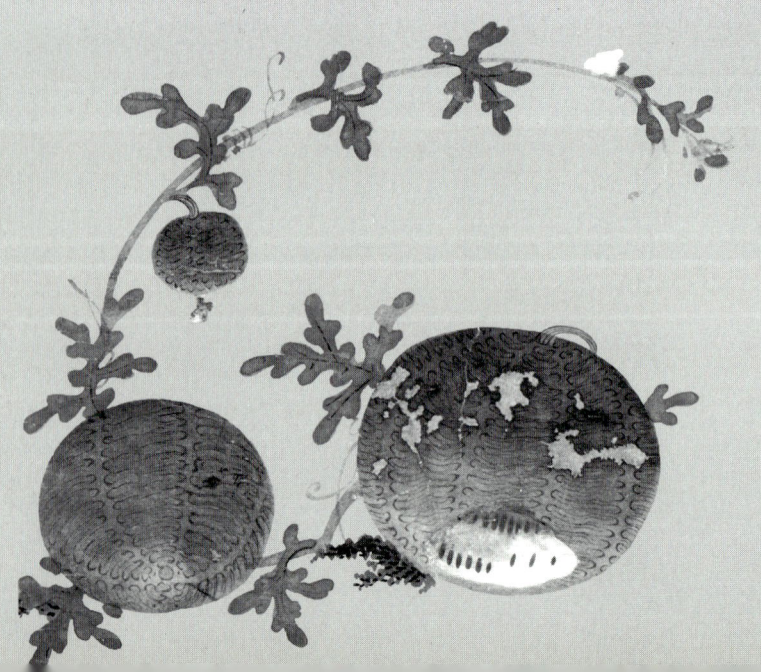

남김없이 태워 마침내 백골로 묻히다 황진이
기다림의 시인 허난설헌
옥잔을 깨고 노비 아들을 장군으로 키워낸 옥호 부인
일본으로 간 밀 부인과 오조에·고조에 자매 그리고 오타 쥬리아
기생이었으나 남자보다 나았다 김만덕

황진이

남김없이 태워 마침내 백골로 묻히다

'송도삼절'의 아름다움

> 동짓달 기나긴 밤을 한 허리 베어 내어
> 춘풍 이불 아래 서리서리 넣었다가
> 어룬님 오신 날 밤이어든 굽이굽이 펴리라

　조선의 여류 시인 황진이黃眞伊의 유명한 사랑 노래다. 일 년 중 가장 밤이 긴 동짓달 밤, 홀로 잠드는 쓸쓸함에 몸부림치면서 사랑하는 사람을 애타게 그리는 여인의 심정을 독특한 발상과 싱싱한 감각으로 노래한 작품이다.
　절세의 미녀로, 둘도 없는 재녀才女로 칭송받았던 황진이는 그야말로 불꽃같은 여류 시인이었고 선녀 같은 일화를 남긴 수수께끼의 여인, 전설의 여인이기도 했다. 사서 『중경지中京誌』는 다음과 같이 쓰고 있다.

> 황진이는 명기로서 얼굴이 너무나도 아름답고 시가詩歌를 잘 했는데, 세상 사람들은 화담花潭의 도학, 박연폭포, 황진이의 미색을 '송도삼절松都三絶'이라 칭송했다.

때는 조선의 중종中宗(제11대)~명종明宗(제13대)에 이르는 시대로, 화담이란 철학자로 이름을 떨친 서경덕徐敬德을 말하는 것이고, 박연폭포는 황해도의 유명한 폭포이며, 송도란 개성의 다른 이름이다.

'송도삼절'이라는 말을 그녀 자신이 지었다는 설도 있는데 확실치는 않다. 다만 황진이가 출중한 미모의 소유자였으며 시가·음곡·무용에 뛰어난 재능을 가지고 있었다는 점만은 의심할 나위가 없다. 생년은 1516년이라고도 하고 1522년이라고도 하는데 엄밀하게는 아직까지 정설이 없다고 보는 쪽이 옳을 것이다. 그래서인지 이덕동의 『죽창야사竹窓野史』는 다음과 같이 그녀의 탄생비화를 전하고 있다.

> 황진이의 어머니 현금玄琴이 병부교 아래에서 빨래를 하고 있는데 어느 젊은이가 희롱하고 돌아갔다. 저녁 무렵에 다시 와서 물을 달라고 하자 물을 떠서 내밀었더니 글쎄 그것이 술로 변해버렸다. 그때부터 두 사람은 마침내 정을 통했는데 젊은이는 이름도 말하지 않고 어디론가

떠나가 버렸다. 그 젊은이는 신선神仙 같았다. 드디어 그녀는 임신하여 황진이를 낳았는데 나흘 동안 방안에는 향기가 감돌았다고 하므로 진이도 선녀였던 것은 아닐까?

그야말로 현실과 동떨어진 이야기이지만 신망 높은 개성의 관리였던 이덕동은 이 이야기를 황진이 어머니의 친척뻘인 진陳이라는 하급 관리에게서 들었다고 한다.

황진이는 홀어머니 밑에서 자라게 되었는데 타고난 미모에다 학문에 정열을 불태웠던 까닭인지 그 지성미는 그야말로 눈부실 정도였다고 한다. 그리하여 황진이의 재색才色은 16세 때부터 장안의 관민官民에게 널리 알려져 그녀에게 접근하려는 남성들이 끊이지 않았던 모양이다.

선녀인가, 신녀神女인가

다음의 일화는 상당히 기이한데, 과장된 부분을 감안하고서 보면 황진이의 타고난 미모가 눈앞에 떠오르는 듯하다.

어느 날 방에서 자수를 놓고 있던 그녀는 갑자기 집 밖에서 들려오는 소란스러운 소리에 신경이 쓰였다. 귀를 기울이니 사람들의 울음소리와 놀라 외치는 소리가 점점 더해지는 듯했다. 무슨 일인가 궁금해하던 차에 그녀의 처소로 이웃 사람들이 몰려와 말하기를, 이웃에 사는 젊은 총각이 진이를 너무나 사모하다가 상사병에 걸려 마침내 죽게 되었다고 했다. 그래서 장례를 준비하여 화장을 하려고 가는데 관이 진이의 집 앞까지 오자 갑자기 움직이지를 않는다는 것이다(일설에 따르면 관이 진이 집의 토담에 딱 붙어서 떨어지지 않았다고도 한다).

이야기를 들은 그녀는 너무나 큰 충격을 받아 정신을 잃었다. 그러나 잠시 후 정신을 차리고는 어머니가 혼숫감으로 준비해둔 저고리를 가지고 나가 총각의 관 위에 덮어주곤 무릎을 꿇어 그의 죽음을 애도했다. 그러자 총각의 관이 조용히 움직여 사람들은 무사히 장례를 치를 수 있었다고 한다. 이 이야기는 후세에도 널리 전해졌는데, 실제로 황진이를 사랑하다 죽음에 이른 총각이 있었던 것만은 사실인 모양이다.

황진이는 마음의 상처가 너무나도 컸다. '남녀칠세부동석'이라는 유교의 계율, 그리고 그 안에 갇혀 지내던 자신이 한 총각을 죽게 만든 것은 아닌가 하는 자책감으로 괴로워하며, 이대로 지내다 보면 이런 비극이 또 생기지 않을까 염려하게 되었다. 그리하여 그녀는 규중규수의 생활을 청산하고 기적妓籍에 몸을 둠으로써 자유분방한 생을 살기로 결심하게 된다. '하늘은 이물二物을 주지 않는다'고 하는데 황진이의 경우는 재능과 미모, 학식 등 삼물三物, 사물四物을 받았다 해도 과언이 아니었으므로 기생으로서의 성공은 약속된 것이나 다름 없었다.

부모의 반대에도 불구하고 기적에 든 그녀는 머지않아 장안에 소문이 자자해졌으며 행세깨나 하는 자들은 너나없이 그녀의 환심을 사려고 앞을 다투었다.

황준량의 『금계만필錦溪漫筆』에는 "황진이는 송도(개성)의 명기로 그 재색이 절미絶美하여 이름이 중국에까지 전해졌다"고 적혀 있다. 이덕형의 『송도기이松都記異』에는 "색모재예色貌才藝는 당대의 절묘絶妙, 그 노래도 절창絶唱이다. 사람들은 그녀를 일컬어 선녀라 한다"고 씌어 있다.

선녀라는 것은 지나친 과장인 듯하지만 실제로 술자리에서 그녀의 노래를 들은 사내들은 그 목소리가 너무나 청량하고 아름다워 "저 사람이 선녀인가 아니면 신녀神女인가"라고 감탄했으며 음곡으로 유명한 엄수嚴守마저도 "저것은 선국仙國의 노래다"라고 칭찬했다.

황진이의 명성은 중국에까지 전해졌는데, 그녀를 먼발치에서 본 중국의 사절은 "조선에 가서 비로소 천하의 절색을 보았다"라고까지 말했다.

그녀는 기생이긴 하지만 흔히 말하는 기생처럼 화려하고 아름다운 옷을 입거나 손님에게 아양을 떨거나 하지는 않았다. 자기 마음에 맞는 사내들하고만 어울려 즉흥시를 짓거나 노래를 부르고 춤을 추었던 모양이다. 지식욕이 왕성한 황진이는 드디어 송도삼절의 하나인 도학자 서경덕을 흠모하게 되었으며 그 문을 두드려 가르침을 구하였다.

그것은 단순히 일시적인 감정이 아니었는데, 이는 수년 동안 스승과 함께 기거하면서 수업에 힘쓴 점으로도 알 수 있다. 그러나 두 사람은 이른바 '남녀관계'로까지 발전하지는 않았던 것 같다.

고명한 스승이라 해도 남자의 몸, 게다가 자기를 사모하는 희세의 가인과 함께 기거를 한다면 '남녀의 사랑'을 구해도 결코 부끄러울 바는 아닐 것이다. 하지만 그렇게 하지 않은 것은 역시 서경덕의 고고한 품격을 보여주는 일일 수밖에 없다. 황진이는 이런 스승을 더욱 존경하고 그 학문과 품성을 오래도록 사모했던 것 같다.

거짓 사랑

내 언제 무신하여 임을 언제 속였관대
월침삼경에 온 뜻이 전혀 없네
추풍에 지는 잎소리야 낸들 어이 하리요

여기서 '임'이란 대체 누구를 말하는 것일까? 서경덕의 이미지와 중첩시키는 것은 지나친 비약이다. 황진이가 '속인' 인물은 다른 사람으로 당시 서경덕과 나란히 학문으로 이름 높았던 지족선사知足禪師이다.

이 이야기도 일종의 야화野話인 듯하지만 황진이의 거침없는 기질을 보여주는 에피소드로 항간에 널리 전해지고 있다.

어느 날인가 그녀는 개성 밖의 천마산에 있는 지족암知足庵을 방문, '생불生佛'이라 추앙받는 선사에게 불법의 가르침을 구한 적이 있었다. 어떤 유혹에도 결코 움직이지 않는다는 지족선사에게 다가가 그 구도정신의 진위眞僞를 시험해보려 했던 것이다. 그러나 한편으로는 어느 누구도 자기의 스승 서경덕에게는 이길 수 없다고 믿었던 진이의 잔혹하기까지 한 시험이기도 했다.

그렇지만 지족선사 또한 만만치 않은 사람으로, 그녀의 요염한 색향에 파계의 위험을 느끼면서도 엄하게 그녀의 뜻을 거절해버렸다고 한다. 그러나 쉽게 단념할 황진이가 아니었다. 시간을 두고 과부로 가장한 그녀는 다시 지족선사를 방문하여 죽은 남편의 명복을 빌고 싶으니 오래도록 절에 있게 해달라고 거듭 간청했다. 선사로서는 불도에 평생을 바친 몸, 남편을 간절히 공양하고 싶어 하는 여인의 간청을 저버릴 수가 없었다.

이리하여 진이는 절에 머무는 데 성공해 스스로 제문을 짓고 향을 피우며 열심히 부처님께 빌었는데, 그 독경 소리는 청류淸流처럼 맑아서 듣는 사람의 심금을 울렸다고 한다. 지족선사도 어느새 여인의 아름다운 목소리에 귀를 기울이고 그 향기롭기까지 한 여인의 자태에 눈길을 빼앗기게 되었다. 그는 번뇌와 고투를 거듭하였지만 마침내 여인의 요염한 매력을 이겨내지 못하고 파계승이 되고 말았다.

이때 황진이는 "역시 제가 이겼지요? 당신이 아무리 학문에 뛰어나다 해도 제 스승님에게는 미치지 못합니다"라고 단언했다고 한다. 지족선사는 "십년 수도 나무아미타불 十年修道 南無阿彌陀佛"이라 중얼거리며 오랜 동안의 수도가 허사가 되어버렸음을 한탄했다고 하는데 이 또한 사실인지는 확실하지 않다.

시간이 흐른 뒤 황진이는 다음과 같이 술회했다고 한다.

"30년이나 불문에서 수도에 정진, 고승高僧으로 이름이 높았던 지족선사마저도 끝내 나의 색향에 자신을 잃고 부처의 가르침을 하룻밤에 깨뜨렸습니다. 그러나 서경덕 선생만은 아무리 다가가도 미동도 하지 않아 나도 단념할 수밖에 없었습니다. 화담 선생이야말로 진짜 성인^{聖}$_{人}$이라 할 수 있는 분입니다."

그 후 항간에서는 "지족스님을 속이는 것처럼"이라는 속담이 생겨났으며, 기생들 사이에서는 "지족스님 놀이"라는 말까지 유행했다고 한다. 아무래도 황진이의 장난이 지나친 듯싶다.

사랑은 자유와 울분의 변주곡

황진이의 명성을 연모하여 그녀를 찾아오는 명사 고객이나 풍류객은 날로 늘어갔다.

지족선사와의 만남 이후 그녀는 한양에서 찾아온 이씨라는 대신의 아들과 의기투합하여 금강산으로 여행을 떠났다. 그녀는 '날아가는 여자'처럼 발걸음이 빠르고 경쾌했는데, 무엇이 그녀를 그렇게 만들었는지는 분명하지 않다.

아무튼 둘이서 속세를 버린 사람처럼 변변치 않은 옷차림으로 말도 타지 않고 식량을 등에 짊어진 채 야숙을 하면서 금강산의 명승을 마음껏 즐긴 듯하다. 그리고 흥이 나면 시를 짓고 노래를 부르면서 풍류 여행을 만끽한 듯한데, 이 자유분방한 삶이야말로 황진이의 진면목을 보여준 것이라 하겠다.

산은 옛산이로되 물은 옛물이 아니로다

주야에 흐르니 옛물이 이실소냐

인걸도 물과 같도다 가고 아니 오노매라

어느 날 밤 흰 말에 걸터앉은 선비의 모습을 보고 그녀가 즉흥적으로 노래한 시도 있다. 사람을 사랑하고 풍류를 사랑하고 자연을 사랑했던 그녀이지만 인간사의 내면을 꿰뚫어보는 눈은 냉철했던 듯하다. 그 즉흥시는 말을 타고 개성을 찾아온 벽계수碧溪守라는 양반을 향한 것이었다.

그는 한양까지 전해진 황진이의 명성을 듣고는 "나는 절대로 유혹에 넘어가지 않고 그녀가 곁에 오면 쫓아버리겠다"고 호언장담하며 임지인 개성으로 향하였다. 그야말로 고지식하고 융통성 없는 사람이었던 모양이다.

그런데 어느 날 밤 말에 걸터앉아서 만월대滿月臺의 풍경을 즐기던 중, 세상에서 가장 아름다운 목소리로 시를 읊는 여인의 모습을 보고 말았다.

청산리 벽계수야 수이 감을 자랑마라

일도 창해하면 다시 오기 어려워라

명월이 만공산하니 쉬어간들 어떠리

벽계수는 선녀 같은 황진이의 아름다움과 그 즉흥시의 깊은 의미에 매료되어 엉겁결에 말에서 떨어졌다고 한다. 아니 말에서 떨어진 것이 아니라 말에서 뛰어내렸다는 설도 있는데, 자기 이름을 그 자리에서 시구詩句로 바꿔버린 재치와 지혜에는 그도 손들지 않을 수 없었던 모양이다.

그리하여 그도 마침내 사랑의 포로가 되어버렸다. 이렇듯 황진이의 사랑은 권세를 지향하는 남자, 스스로에게 자신만만한 남자를 보통 인간으로 취급해버림으로써 여자로서의 울분을 토로하고 있는 듯한 인상을 씻을 수 없다.

부부의 정을 주었던 한 남자

당시 문인으로 이름이 높았던 소세양蘇世讓은 판서 벼슬을 지내던 사람이었다. 그 역시 황진이의 명성을 듣고 개성을 방문하여 그녀와 즐거운 교유의 나날을 보내고 있었다.

귀경해야 할 날이 다가오자 황진이는 「봉별소판서세양奉別蘇判書世讓」이라는 인상적인 시를 썼다.

> 달 아래 뜰 가운데 오동잎 모두 지고
> 서리 속에 들국화 곱게 피었네
> 다락 높아 자칫하면 하늘 닿을 듯
> 사람은 석 잔 술에 취해 누웠네
> 흐르는 물 차가워 가야금과 어울리고

매화 향기 피리 소리 뿜어 보내네
내일 아침 눈물지며 헤어진 뒤에
그리운 정 물결처럼 끝이 없겠지
月下庭梧盡 霜中野菊黃
樓高天一尺 人醉酒千觴
流水和琴冷 梅花入笛香
明朝相別後 情與碧波長

오랜 인생으로 보자면 한때의 만남이었겠지만 그녀에게는 잊을 수 없는 남성 중 한 명이었던 모양이다.

이와 같이 황진이 앞에는 여러 명사 고객·풍류인·문인묵객이 나타나는데, 부부와 같은 인연을 맺은 사람은 조정의 고관이던 이사종李士宗 한 사람뿐이었다고 한다. 그도 황진이의 명성에 홀려 개성을 방문했는데, 당대 유일의 미성美聲을 지녔다는 이사종은 황진이가 자주 쓰는 수법을 역으로 사용했던 모양이다. 그녀 주위를 맴돌며 자신의 열렬한 사랑을 노래에 실어 끝없이 불렀던 것이다.

그 한결같은 마음에 끌렸는지 그녀는 이사종을 자기 집으로 초대하여 드디어 함께 생활하기로 약속했다. 그런데 이것이 또한 파격적이었다. 요즘으로 말하자면 '계약결혼'이라고 해야 할까. 즉, 처음 3년은 그녀의 집에서, 나머지 3년은 그의 집에서 각각의 생활을 책임지며 즐겁게 생활하는 방식이었다. 두 사람은 실제로 그 약속을 실행했다.

이렇게 6년의 세월을 보내고 황진이는 다부지게도 이사종을 한양으로 떠나보냈다. 보통 여자라면 결심하기 어려운 이별이었을 것이다. 이 글의 앞부분에 실은 「동짓달 기나긴 밤을」이라는 시조는 그 후 황진이가 이사종을 애타게 그리워한 나머지 재회의 날을 꿈꾸며 노래한 것이라 한다.

여행과 자연에 대한 사랑 속에 생을 정리하다

황진이는 많은 사람을 사랑한 여류 시인이었지만, 그렇게만 말한다면 역시 그녀의 진면목을 보았다고 할 수 없다. 그녀는 여행을 사랑하고 자연을 사랑한 시인이었는데, 거기에는 한없는 향토애와 나라에 대한 사랑이 감춰져 있다.

황진이는 무엇보다도 이 땅의 자연을 사랑했다. 그 마음을 전형적으로 나타낸 것이 개성 부근에 있는 박연폭포를 노래한 시이다.

한줄기 세찬 물구비 바위골에 뿜어내니
폭포수 백 길 넘어 물소리 우렁차다
거꾸로 쏟는 폭포 은하수 방불하고
노한 폭포 가로 드리워 흰 무지개 완연하다
어지럽게 쏟는 물벼락 골짜기에 가득하니
구슬 절구에 옥이 부스러져 밝은 하늘을 뒤덮네
구경꾼들아 여산이 더 낫다 말하지 말고

해동에서 으뜸가는 천마산을 볼지어다.
一派長川噴壑壟 龍湫百仞水叢叢
飛泉倒瀉疑銀漢 怒瀑橫垂宛白虹
雹亂霆馳彌洞府 珠舂玉碎徹晴空
遊人莫道廬山勝 須識天磨冠海東

'여산'은 중국의 명승지이고 '해동'은 조선을 가리킨다. 그러고 보면 작자가 의도하는 바를 잘 알 수 있을 것이다. 여기에는 사랑을 노래하고 사람을 사랑하는 가냘픈 여인으로서의 황진이는 추호도 없고 오히려 남성적이기까지 한 웅혼함이 세차게 흐르고 있다.

하급 관리의 집에서 태어난 황진이가 유교 사상으로 굳어진 남존여비의 질곡과 중국에 대한 사대주의의 물결 속에서 추구했던 것은 오직 자유로운 인생과 '우리' 것에 대한 사랑이었던 듯하다.

후세에 남겨진 그녀의 시가는 시조 6편에 지나지 않는다. 그러나 민중의 마음을 사로잡은 여러 일화와 함께 항간에 전해진 그녀의 자유분방함은 봉건 지배층의 관념적이고도 위선적인 모습에 대한 저항이었음을 알 수 있다.

황진이는 40세 전후로 병사했다고 한다. 출생한 해와 마찬가지로 그녀가 죽은 해도 확실하지가 않다. 그녀는 임종 때 다음과 같은 유언을 남겼다.

"내가 죽으면 관에 넣지 말고 시체를 그대로 마을 밖의 강변에 던져주세요. 그래서 개미나 솔개, 까마귀의 먹이가 되게 하여 세상 여자들의 교훈이 되게 해주세요."

그야말로 미련 없는 죽음이었다. 그것은 황진이의 너무나도 인간적인, 불꽃같은 생에 대한 자신에 찬 긍지이며 자랑이었으리라.

그녀의 죽음을 지켜본 많은 사람들은 시체를 개성 부근의 장단長湍 판교리板橋里에 정중히 묻어주었는데, 그 묘는 지금도 보존되어 있다.

생전에 황진이가 '성인'으로까지 존경했던 서경덕은 그녀가 죽은 후 다음과 같은 시를 썼다.

> 마음이 어린 후이니 하는 일이 다 어리다
> 만중운산에 어느 님 오리마는 지는 잎 부는 바람에 행여 귄가 하노라

그녀가 보내준 사랑에 응하지 않았던 쓰리고도 괴로운 심경을 노래한 것일까? 하지만 지금으로서는 알 방도가 없다. 확실한 사실은 역시 문인으로 이름이 높았던 임제林悌가 황진이를 연모하여 개성을 찾아왔다가, 그녀가 이미 죽었음을 슬퍼하며 그 무덤 앞에서 읊은 시가 있다는 것이다.

> 청초 우거진 골에 자난다 누웠난다
> 홍안은 어디 두고 백골만 묻혔나니
> 잔 잡아 권할 이 없으니 그를 슬퍼하노라

기녀는 원래 '기술을 가진 여인'이었다

'기녀'라고 하면 보통 떠오르는 이미지가 있다. 왕이나 양반집 잔치에 불려가 춤을 추고 악기를 켜며 노래를 불러 흥을 돋우는 젊은 여인들, 혹은 지방관이 고을에 부임했을 때 잠자리 수청을 드는 매춘녀로서의 이미지가 그것이다. 하지만 원래 기생은 매춘보다는 궁중이나 관아의 필요에 의해 특별한 기술을 익히고 봉사하던 사람들을 가리켰다.

사실 기생의 이미지가 매춘과 결합된 것은 그 연원이 깊다. 고구려시대에 유녀遊女라 불리던 사람들이 바로 매춘을 하던 여인들이었다. 이들은 고구려에 의해 정복된 주변 부족의 여인들로 매춘을 업業으로 삼아 생계를 해결할 수밖에 없던 사람들이었다.

이후 고려시대에 들어서 유녀와는 성격이 다른 기녀가 나타났다. 이들은 '기생학교'인 교방敎坊에 소속된 여자 노비들로 악기와 가무를 익혀 여악女樂에 종사하던 관기官妓들이었다. 물론 이 시대에도 유녀라 불리던 여인들은 여전히 매춘에 종사하였다고 알려진다.

조선시대에도 관기 제도는 그대로 계승되었는데, 이때의 관기들은 여악만이 아니라 여러 가지 업무에 종사하는 등 전문성의 범위를 더욱 넓혔다. 이들 중에는 내의원 혜민서에서 일하는 의녀가 있었고 또한 침선비도 있었다. 침선비란 왕과 왕비의 옷을 만드는 기생이었다. 이들을 대개 약방기생, 상방기생 등으로 불렀는데, 자신의 고유 업무 말고도 남성에 대한 접대를 맡기도 했다.

이처럼 기녀는 원래 특별한 기능을 가진 봉건 시대의 전문직 여성을 일컬었으나, 그 신분의 미약함으로 인해 점차 접대 기능이 강화되지 않을 수 없었다. 이후에는 시간이 흐를수록 매춘의 의미를 짙게 띠어 '기녀' 하면 곧 '창기(매춘부)'가 등치되는 상황으로 변하였다. 그리하여 기녀들은 사대부나 그 밖의 남성들에 의해 '해어화解語花(말을 알아듣는 꽃)'라 불리는 노리갯감으로 취급받게 되었다.

기다림의 시인
허난설헌

천상 시인이자 여성인 그들

지금까지 여류 시인으로 고조선의 여옥, 조선의 황진이를 소개했는데, 그녀들은 이른바 빈민이나 미천한 기생 출신으로 그 희로애락이 작품 속에도 짙게 배어 있었다. 그런데 허난설헌許蘭雪軒은 그들과는 달리 당대 명문 양반가 출신이었다. 당대의 학문 수준을 높인 명사 집안에서 태어나 어릴 적부터 수준 높은 문풍文風을 배우고 익히며 자랐다.

그럼에도 이들 셋 사이에서는 많은 공통점을 찾아볼 수 있다. 이들은 모두가 날카로운 시인의 눈으로 당대 사회의 모순을 꿰뚫어 보았다. 또 어쩔 수 없는 여인의 심정으로 여성으로서, 인간으로서 마땅히 누려야 할 자유가 억압되는 불합리한 현실을 지켜보아야 했다. 한마디로 이들은 천상 시인이자 여성으로서의 정체성을 간직하고 있었던 것이다.

허난설헌은 일찍부터 시재詩才가 뛰어나 많은 명작을 남겼다. 그의 이름은 이웃 여러 나라에까지 널리 알려져 조선에서 가장 훌륭한 여류 시인으로 평가받았다. 그러나 가인박명佳人薄命이라는 말 그대로 너무나 일찍 세상을 떠나고 말았다.

명문가의 여신동 女神童

허난설헌은 1563년 강원도 강릉에서 태어났다. 그녀의 아버지 초당草堂 허엽許曄은 유명한 철학자인 서경덕에게 가르침을 받고 30년간이나 문신의 요직에 있었으며 경상도 관찰사를 역임하기도 한 인물이다.

그는 본부인에게서 1남 1녀를, 후처에게서 2남 1녀를 두었는데 첫째 아들 성筬, 둘째 아들 봉篈, 셋째 아들 균筠은 모두 훌륭한 학자로 성장했다. 특히 허균은 유명한 소설 『홍길동전』의 저자이며, 허난설헌은 그의 바로 손위 누이이다. 이와 같은 가족의 지적 환경이 어릴 적부터 그녀에게 커다란 영향을 주었다.

허난설헌은 어려서 초희楚姬라 불렸는데(혹은 그녀의 이름이 경번景樊으로 알려져 있기도 하다), 오라버니와 동생들이 공부하는 방 한쪽 구석에 앉아서 어느 사이엔가 한자 공부를 시작하고 있었다. 유교 사상이 사회를 지배하던 그 당시에 여자가 학문을 하는 것은 결코 허락되지 않았으며 책을 읽을 수도 없었다. 하지만 그녀는 오라버니들 어깨 너머로 글을 깨우쳐 어려운 책도 막힘없이 읽게 되었다. 주위 사람들은 이를 보고 그녀에게도 정식으로 공부를 가르치는 것이 좋겠다고 권했다. 이렇게 하여 그녀는 오라버니들로부터 학문의 기초를 배우는 행운을 얻을 수 있었다.

허난설헌의 시재는 하늘이 내린 것이었다. 그녀는 겨우 7세 때 광한전廣寒殿(선녀가 살고 있다는 상상 속의 궁전)과 백옥루白玉樓(천제가 사는 상상 속의 궁전)의 상량문上樑文 등을 썼고, 이 글을 읽은 어른들은 깜짝 놀라며 '여신동女神童'이 태어났다고 감탄했다.

이 같은 일이 있은 후 그녀는 마침내 당대의 저명한 시인 이달李達(1539~1618년?)의 가르침을 받게 되었다. 그는 오라버니 허봉의 친구로 후에 허균의 스승이 되었던 인물이다.

이달은 첩의 아들로 한평생을 불우하게 보냈는데, 불합리한 사회에 대한 비판을 시로 표현하면서 최경창崔慶昌(1539~1583년), 백광훈白光勳(1537~1582년) 등과 함께 조선의 한시 문학에 크게 공헌했다.

요즘 들어 최경창과 백광훈 등이
성당盛唐의 시경을 익혔다더니
아무도 아니 쓰던 '대아大雅'의 시풍
이들에 와 다시 한 번 울리는구나
낮은 벼슬아치는 벼슬 노릇이 어렵고
변방의 살림은 시름만 쌓이네

나이 들어갈수록 벼슬길은 막히니
　　시인 노릇 힘들다는 걸 이제야 알겠구나

그녀가 몇 살 때 지었는지는 모르지만 「감우感遇」라는 제목의 시이다. 아마도 소녀 시절 지은 듯한데, 당시의 훌륭한 시인들이 사회로부터 박해받고 비참하게 생활하는 현실을 분노와 한탄을 담아서 노래했다.

동생 허균 또한 스승인 이달에게서 언제나 암울함을 느꼈으며, 자신이 가장 존경하는 스승인 만큼 그의 처지에 공감했던 것 같다. 이러한 공감이 『홍길동전』의 창작으로 나타났고, 그는 한평생 불합리한 사회에 저항하다가 비참하게 처형되는 불운을 겪고 말았다.

불행한 결혼 생활

허난설헌은 17세의 어린 나이에 양반집으로 시집갔다. 남편 김성립金誠立은 과거에 급제하여 홍문관 저작이라는 벼슬에 있으면서 시문을 저술하는 일에 종사하고 있었다. 그러나 그녀의 남편은 그렇게 유능하지는 못했다. 아내와 자신의 재능이 비교되는 것을 못 견뎌 매사에 그녀를 못살게 구는 도량 좁은 남자였던 것 같다.

게다가 시어머니의 시집살이도 매우 심했다. 집안일은 대충 하고 책상 앞에 앉아 책을 읽거나 시를 짓는 며느리의 행동이 유교를 세상의 관례라 여기는 시어머니에게 용납되기는 어려웠을 것임이 당연하다.

그녀는 이와 같이 학문과는 거리가 먼 시집에서 고통스러워하며 지적인 친정의 분위기를 그리워하게 되었다.

수재였던 오라버니들은 어려움 없이 과거에 급제하여 각각 요직에 올랐는데, 정의감이 강한 탓에 당파 싸움에 휘말렸고 정적들의 공격으로 궁지에 몰려 있었다. 특히 둘째 오라버니인 허봉은 북쪽의 국경 지대에 있는 갑산甲山으로 유배된 적도 있다.

> 멀리 귀양 가는 갑산 나그네여
> 함경도 길 가느라고 마음 더욱 바쁘겠네
> 쫓겨가는 신하야 가태부賈太傅와 같겠지만
> 쫓아내는 임금이야 어찌 초나라의 회왕懷王 같으랴
> 가을 언덕에 강물이 찬찬히 흐르고
> 고개 위에 구름은 저녁 노을에 물드는데
> 서릿바람 받으며 기러기 울어예니
> 걸음이 멎어진 채 차마 길을 못 가누나

그녀는 이처럼 죄 없이 귀양 가는 둘째 오라버니를 생각하며 슬픔과 노여움의 심정을 토로하고 있다.

시어머니에게는 마음에 들지 않는 며느리였으나 그래도 그녀는 최선을 다했다. 남편 김성립은 시에 대해 흥미도 보이지 않고 사관으로서 임지로 떠난 채 집에 들르지도 않았다. 허난설헌은 시집에서의 고독감, 친정에 대한 그리움을 참으며 다음과 같은 시를 썼다.

> 기울어진 처마 스쳐 짝지어 제비 날고
> 낙화는 분분하게 비단옷을 치고 지네
> 동방 깊은 곳엔 임 생각 상한 마음
> 푸른 강남 가신 임은 돌아오질 아니하네

무정한 남편에 대한 사모……. 지성미 넘치는 시인이지만 그녀 역시 여인으로서의 슬픔에 마음을 들볶이고 있었는지 모른다.

> 비단옷을 가위로 결결이 잘라
> 겨울옷 짓노라면 손끝 시리다
> 옥비녀 비껴들고 등잔가를 저음은
> 등잔불도 돋울 겸 빠진 나비 구함이라

남편을 기다리는 몸인 자신의 가혹함이 불에 빠진 벌레에 대한 동정으로 승화된 것일까.

> 호숫가 달이 떠서 밝아오며는
> 연 캐는 아가씨들 밤중에야 돌아가네
> 이 기슭에 행여나 배 저을세라
> 한 쌍의 원앙들이 놀랄까 두렵구나

원앙들의 꿈길을 상처주지 마라……. 그것은 그녀의 불타오르는 듯한 간절한 염원이기도 했을 것이다.

> 달뜬 다락 가을 깊고 옥병풍 허전한데
> 서리친 갈밭에는 저녁에 기러기 앉네
> 거문고 아무리 타도 임은 안 오고
> 연꽃만 들꽃 위에 맥없이 지고 있네

그녀는 조심스럽고도 소극적인 태도로 자신의 감정을 억누르면서, 무정한 남편을 언제까지나 기다리던 천상 여인이었다.

요절

그러나 허난설헌은 견디기 어려운 자신의 고통, 자기 자신만의 고독을 노래하지는 않았다. 그녀는 봉건 사회의 질곡 속에서 괴로워하는 세상 여자들, 굶주림에 시달리고 있는 백성에 대해서도 깊은 연민을 느꼈다.

> 어찌 용모인들 남에게 빠지리오　　豈是乏容色
> 바느질 길쌈 솜씨 그 역시 좋은데　　工鍼復工織
> 가난한 집에 나서 자라난 탓에　　　少小長寒門
> 중매 할미 모두 나를 몰라준다오　　良媒不相識

경기도 광주시 초월읍 지월리에 있는 허난설헌의 묘. 원래는 다른 곳에 있었는데 중부고속도로 건설로 현재 위치인 안동 김씨 선산에 이장되었다. 남편인 김성립의 묘소가 바로 위에, 어린 나이에 죽은 두 아이의 무덤이 우측에 나란히 위치해 있다.

밤새도록 쉬지 않고 베를 짜는데	夜久織未休
삐걱삐걱 베틀 소리 차갑게 울리네	戛戛鳴寒機
베틀에는 한 틀 베가 짜여졌는데	機中一匹練
뉘집 아씨 시집갈 때 옷감 되려나	終作阿誰衣

그녀는 가난한 사람들, 특히 여성들의 고통을 자기 것으로 만들며 봉건 사회의 불합리와 차별에 대해 비판적인 눈길을 주었다.

양반댁 세도가 불길처럼 융성턴 날
드높은 누각엔 풍악소리 울렸고

가련한 백성들은 헐벗고 굶주려
배는 고파 빈 통이요, 집은 다북쑥

그러다 일조에 가문이 기울면
그제야 백성들을 부러워한다

흥망과 성쇠는 때마다 바뀌는 것
누가 감히 이 천리天理 어길 것이랴

또한 그녀는 나라의 운명을 걱정하는 백성의 소리에도 귀를 기울이고 군역을 위해 동원된 사람들의 심정까지 보듬고 있다.

천 사람 일제히 방망이 들고
땅바닥 흙을 다져 웅성거리네
힘 모아 성곽을 잘도 쌓건만
운중요새 위상魏尚은 보이질 않네
성을 쌓고 또 쌓아
성이 높아 외적을 막아내리라
행여 수많은 외적들이 쳐들어오면

그를 막지 못할까 두려워지네

진정 그녀는 가정생활에서, 또한 시에서 조선 여성의 굳은 정조와 고결한 품성, 인간에 대한 깊은 애정을 유감없이 발휘한 훌륭한 시인이었다. 그녀는 인간과 인생을 넓은 안목으로 깊이 있게 바라보며 매일처럼 자신의 마음을 깎아 시를 썼다. 이렇게 쓰인 시는 방 하나를 가득 채울 만한 분량이었다고 한다.

그녀의 시상詩想은 날로 깊어가고 시작법詩作法은 점점 원숙미를 더해갔는데, 무정한 병마는 그녀의 젊은 육체를 들볶아 마침내 죽음으로의 먼 여행에 나서게 했다. 때는 1589년 봄, 그녀는 겨우 26세였다.

한견고인서閒見古人書. '한가하면 옛 사람의 글을 읽어라'라는 뜻으로 허난설헌의 친필 탁본이다.

죽기 직전 그녀는 무슨 까닭에서인지 자신의 원고를 모두 불태워 버리라는 유언을 남겼다. 그 이유는 지금도 확실치 않다. 다만 마음의 일기 같은 원고를 남기는 것은 자신의 심정 모두를 세상에 적나라하게 드러내 놓는 일처럼 마음이 불편해서가 아니었을까 짐작된다.

그녀의 사후, 시집에 남겨졌던 주옥같은 원고들은 남김없이 불태워졌고, 친정에 있던 불과 몇 편의 작품만이 동생 허균에 의해 후세에 전해지게 되었다.

국제적인 명성을 얻다

오늘날 전해지는 『난설헌집蘭雪軒集』은 이처럼 허균에 의해 정리 편집된 것이다. 거기에는 210수의 시와 그녀가 어렸을 적 지었다는 「광한전백옥루상량문」이 수록되어 있다.

허난설헌은 1606년 우연한 일로 국제적으로도 널리 알려져 높은 평가를 받게 되었다. 그녀가 떠난 지 열일곱 해가 지난 어느 날, 동생 허균과 친분이 있던 명나라의 사신 주지번朱之蕃, 부사 양유년梁有年이 우연히 그녀의 유고를 보고 그 아름다움에 경탄했던 것이다. 그들은 재빨리 이 유고를 명나라로 가지고 돌아가 『허난설헌집』이라는 제목으로 출간했다. 이 시집은 중국의 곳곳에서 큰 반향을 불러일으켜 각지에서 주문이 쇄도하는 등 큰 인기를 끌었다.

주지번은 "그녀의 시는 주옥과 같다"고 했고, 양유년은 "그 시는 매우 아름다워 당의 역대 시집 중에서도 가장 두드러진다"고 칭찬하였다. 특히 명나라의 유명한 문인 조문기趙文奇는 그녀의 소녀 시절 작품인 「광한전백옥루상량문」을 읽고 "이 문장을 읽으면 마치 신선이 되어 백옥루에 올라 있는 듯한 기분이 든다"며 절찬을 아끼지 않았.

이렇듯 그녀의 시집이 중국에서 유명해지자 조선으로 역수입되는 사태가 발생했다. 그러나 허균이 반역죄로 처형되는 사건이 일어난 터라 시집은 매장될 수밖에 없었다. 그로부터 74년 후 드디어 조선에서도 허난설헌의 시집이 출판되었다. 내용은 명나라에서 출판된 것과 똑같았지만 한양에서는 출판되지 못하고 부산의 동래東萊에서 간행되었다. 권력의 잔혹함과 더불어 그녀의 작품이 지닌 강한 생명력을 느끼게 해주는 일이었다.

이 시집은 한양을 비롯하여 전국 각지에서 널리 애독되었는데 출판사가 부산에 있었기 때문에 무역하러 온 일본 사신과 상인들의 눈에도 띄었다. 이들은 시집을 일본으로 가지고 돌아갔다. 1711년 후미다이야지로文台屋治郎兵衛 등의 손에 의해 간행된 그녀의 시집은 일본에서도 널리 읽히는 베스트셀러가 되었다.

이처럼 허난설헌은 16세기 조선의 대표적인 시인으로서, 조선뿐만 아니라 국제적인 문학사 속에서도 빛나는 위치를 차지하고 있다.

남·은·이·야·기
같은 시대를 걸어간 두 개의 다른 길

　허난설헌과 비슷한 시기의 시인인 황진이를 비교해보면 그 개성의 차이가 확연히 떠오른다. 앞서 밝혔듯, 허난설헌은 명문 가문 태생이고 황진이는 하급 관리의 딸이자 기생이었다. 난설헌은 문재文才로 이름이 높았던 가정에서 자랐고 당대 굴지의 한 시인에게 배움을 익혔다. 이에 비해 황진이는 기생으로 있으면서 독학으로 시가를 공부하고 고명한 철학자를 마음의 스승으로 삼았다.

　또 난설헌은 양반에게 시집가서 가정생활을 했으나 황진이는 정식으로 결혼하지 않고 자유분방하게 남자를 사랑하며 살았다. 시작법에서도 차이는 두드러지는데, 난설헌은 넘쳐나는 시상으로 다채로운 시구를 구사, 두 편의 가사歌辭(장편가요)와 규수가閨秀歌, 봉선가鳳仙歌 등을 지었다. 황진이는 주로 시조만을 읊었는데, 섬세하고 우아한 시구로 여인의 연정을 생생하게 표현하여 그 경지가 매우 높은 수준에까지 이르렀다. 한마디로 말하면 난설헌은 높은 지성으로 불탔던 시인이고 황진이는 불꽃같은 정열로 자신을 불태웠던 시인이라 할 수 있겠다.

　그러나 이 두 사람에게서 몇 가지 공통점도 발견할 수 있다. 서로 신분 계층은 달라도 나라와 자연을 사랑하고 백성에 대한 한없는 연민을 간직했던 것, 봉건 사회의 모순, 특히 양반 계층의 부정부패와 남존여비의 세상을 날카로운 눈으로 응시했던 점은 무엇보다 닮은 모습이다.

신사임당이 그린 여덟 폭 병풍의 〈초충도草蟲圖〉 중 하나. 허난설헌보다 앞서 살다간 신사임당은 조선시대를 대표하는 여류 서화가이자 율곡 이이의 어머니로 잘 알려져 있다. 안견安堅의 영향을 받은 그녀의 화풍은 여성 특유의 섬세 정묘함을 더해 한국 제일의 여류 화가로 평가받는다. 국립중앙박물관 소장.

훌륭한 시인이 갖춰야 할 자질과 사물을 꿰뚫어 보는 눈을 이 두 사람은 완벽하게 갖추었다고 말할 수 있겠다.

또한 여성을 남성의 종속물로만 취급하던 봉건 사회에 저항했다는 것도 공통점의 하나이다. 황진이는 자신을 인간으로 동등하게 대접해 주는 남성과의 사랑을 추구한 반면, 허난설헌은 남편에게 냉혹한 대접을 받으면서도 오직 참고 견딜 뿐 새로운 사랑을 구하려 들지 않았다.

이 같은 차이는 있지만 자신이 꿈꾸던 사랑의 완성을 일관되고 깊이 있게 추구했다는 점에서는 다르지가 않다. 한 사람은 더 많은 남자 속에서, 다른 한 사람은 오직 한 남자의 가장 깊은 내면으로 들어가려는 노력 속에서 사랑을 추구했다는 점이 달랐지만 두 사람의 가슴, 시의 밑바닥에 흐르는 여인으로서의 정조는 같았다고 말할 수 있을 것이다.

그 시절
그녀들의
삶

진짜가 되고 싶었던 가짜의 슬픈 삶

모든 모방품의 영원한 비애는 무엇일까? 아마도 제아무리 날고 기어봐야 진품이 가진 아우라를 절대 넘어설 수 없다는 점일 것이다.

허소설헌許少雪軒(?~?) 역시 그랬다. 그녀의 꿈은 우리 문학사 최고의 여성 시인 허난설헌이 되는 것이었다. 그래서 난설헌의 이름 '경번'에서 '경란'이란 이름을 따오고, 호도 '작은 난설헌'이란 뜻의 '소설헌'으로 삼았다. 이름만 본뜬 것도 아니었다. 소설헌은 누구 못지않은 시인이었지만, 그녀의 작품세계 전부는 난설헌의 시에서 운을 빌려온 화운시和韻詩로 채워져 있었다. 문학사상 전무후무한 작품세계의 주인공이었던 것이다.

하지만 소설헌의 진짜 비극은 그녀가 문학을 넘어 허난설헌 자체가 되고자 했다는 데 있었다. 소설헌은 늘 자신의 몸을 쓰다듬으며 이렇게 말했다고 한다. "나는 난설헌이 환생한 몸이다." 이렇듯 이뤄질 수 없는 꿈과 현실의 분열이 그녀의 생애를 비극으로 몰고 갔다.

소설헌이 이 같은 꿈을 품게 된 데에는 슬픈 사연이 있다. 그녀의 아버지 허순은 선조 임금 대의 역관이었다. 그녀는 허순과 명나라 여성 사이에서 태어났다. 부모가 일찍 죽는 바람에 그녀는 어려서부터 순탄치 않은 삶을 살았다.

윤택함과는 거리가 멀었던 그녀의 외가는 영민하고 감수성 풍부한 소녀가 재능을 길러가기에 그리 좋은 환경이 아니었다. 그녀는 늘 "나는 조선의 후예다"라는 말을 되뇌며 고국에 가지 못함을 한으로 여겼다고 한다. 현실의 비참함을 아버지의 나라에 대한 동경으로 달래고자 했던 것이다.

그런 소설헌에게 『난설헌집』과의 만남은 '운명' 그 자체였다. 명나라에서 붐을 일으킨 조선 여류 시인의 작품은 어린 문학소녀에게 삶의 이유이자 목적이 돼버렸던 것이다. 이후 소설헌은 결혼까지 마다한 채 '허난설헌처럼 시 쓰기'를 열망했다. 그러다 마침내 '나는 허난설헌'이란 집착과 망상으로까지 자신을 밀어넣게 되었다.

이백과 두보에 비견되는 재주를 가진 난설헌과 달리 소설헌은 뛰어난 시재를 스스로 썩힌 경우였다. 난설헌의 시에 맞추느라 자신만의 아우라를 뽐낼 기회를 스스로 박차버렸기 때문이다. 또 당대 명문가에서 태어난 난설헌과 달리 소설헌은 비참함과 외로움 속을 뒹굴던 여인이었다. 그래도 그녀는 난설헌과 성姓이 같다는 오직 하나의 공통점을 둘만의 특별한 징표로 여길 만큼 자신의 꿈에 집착했다.

소설헌은 주변 사람들에게 항상 자신이 27세에 죽을 거라고 말했다. 난설헌이 「몽유광상산시서」란 시를 통해 자신이 27세에 죽을 것을 예언하고 실제로 그해에 죽었기 때문이다. 27세가 된 소설헌은 매일 옷을 깨끗이 입고 방안에 향을 피우며 죽음을 기다렸다고 한다. 하지만 그녀는 해가 다 가도록 죽지 않았다.

그제야 그녀는 깨달았다. 아무리 꿈꿔도 진짜가 될 수 없으며 자신은 끝끝내 소설헌일 뿐이라는 슬픈 현실을 말이다. 그렇게 그녀는 자신의 전부이던 꿈을 잃었다.

소설헌은 슬프게 한탄했다. "나는 그저 평범한 사람이구나!"

그리고 산으로 들어가 자취를 감추었다. 이후 누구도 그녀의 종적을 알지 못했다고 한다. 조선의 피를 타고 태어나 불우함으로 가득했던 명나라 여성 시인의 삶이 너무나 애잔하다.

옥호 부인
옥잔을 깨고 노비 아들을 장군으로 키워낸

노비의 굴레

유극량劉克良(?~1592년)은 선조宣祖(재위 1567~1608년) 때의 뛰어난 무장이다. 그는 어머니가 비천한 신분의 비녀(노비) 출신이었기에 신분의 굴레 속에서 고통스러운 일생을 보내야 했지만 이에 굴하지 않고 전쟁터에 나가 자신의 목숨을 불사른 구국의 영웅이다.

그의 어머니는 '옥호'라 불린 듯하나 그 출신이나 성장 과정은 확실치 않다. 소녀 시절에는 어떤 경위에서인지 이조판서와 대제학을 지낸 홍섬洪暹(1504~1585년)의 집에서 노비로 일했다. 아마 최하층 빈민의 딸로 생계 때문에 양반가로 팔려왔던 것 같다.

이런 어머니의 신분은 유극량에게도 굴레가 되어 덧씌워졌다. 당시

조선은 더 많은 노비를 만들기 위해 불합리한 법률을 적용하고 있었다. 비녀가 상민 남자와 결혼해서 아이를 낳으면 이 아이에게 종모법從母法을 적용하여 노비로 만들고, 남자 노비가 상민의 딸과 결혼하는 경우엔 종부법從父法을 적용하여 노비로 삼았다. 이래저래 어느 한쪽이라도 노비의 피가 섞이면 여지없이 그 자식도 노비가 돼야 하는 제멋대로인 법률이었다.

부모 한쪽이 양반인 경우도 마찬가지여서 만약 비녀가 양반에게 겁탈당해 자식을 낳아도 그 아이는 꼼짝없이 노비가 됐다. 『홍길동전』의 경우처럼 '아비를 아비라 부르지 못하고, 형을 형이라 부르지 못하는' 비극이 탄생하는 것이다. 이는 유극량의 경우도 마찬가지였다.

깨어진 옥잔

홍 판서 집에서 비녀로 일하던 옥호는 어느 날 큰 실수를 저지르고 말았다. 홍씨 집안의 가보家寶라 할 만한 귀한 옥잔을 깨뜨린 것이다. 소녀는 새파랗게 질렸다. 두려운 일이 아닐 수 없었다. 주인이 소중히 여기는 물건을 망가뜨렸기 때문에 죽임을 당하든가 손발을 하나씩 꺾이든가 하는 심한 벌을 받아야 했던 것이다.

생각다 못한 소녀는 도망을 결심한다. 어차피 죽을 몸이라면 어딘가 멀리 도망이라도 가다가 잡히는 편이 나을 것 같았다. 그녀는 한밤중에 집을 빠져나와 무조건 어둠 속을 달렸다. 밤새도록 휘청거리며 걷

다가 마침내 어느 집 앞에 쓰러져버렸다.

그곳은 유진사의 집이었는데 공교롭게도 그는 출타 중이었다. 진사란 소과小科와 진사과進士科에 급제한 사람을 말한다. 그는 불행히도 아내가 먼저 죽어 그 장례식을 마친 뒤 충청도의 고향집에서 돌아오던 중이었다.

자기 집에 도착해 대문을 열려던 유 진사는 깜짝 놀라고 말았다. 문옆에 너덜너덜 헤어진 옷을 입고 죽은 사람처럼 누워 있는 소녀를 발견한 것이다. 가만 다가가 보니 소녀는 정신을 잃고 있었다. 그는 하인을 불러 소녀를 방에 눕히고 극진히 간병케 했다. 가난한 차림으로 보아 그 소녀는 아마도 비녀로 일하다가 어떤 사정이 있어 도망친 것이 분명해 보였다.

며칠 뒤 기운을 회복한 그녀는 유 진사의 은혜에 고마워하면서 자초지종을 털어놓았다. 유 진사는 인품이 너그러운 사람이었기에 오히려 이 일을 절대 입 밖에 내지 말라고 당부했다. 그날부터 옥호는 유 진사 댁에서 가사를 돕게 됐다. 마땅히 갈 곳이 없던 그녀에게는 하늘에서 동아줄이 내려온 것과도 같았다.

세상을 헤쳐 나가는 두 모자母子

세월이 흘러 옥호는 유 진사의 소실이 되었고 몇 해 뒤에는 아들 극량을 낳았다. 그러나 그녀의 짧은 행복은 그것으로 끝이었다. 불행히도 유진사가 일찍 세상을 뜬 것이다. 남편 잃은 옥호나 양반가의 피붙이 아닌 피붙이 신세였던 극량이나 마냥 눈칫밥을 먹을 형편은 아니었다. 극량 역시 단 한 번도 유 진사를 아버지라 불러본 일이 없었다.

옥호는 어린 아들을 데리고 유씨 집안의 문을 나섰다. 혼자서 생계를 꾸려나가며 아들 극량을 훌륭하게 키우리라 마음먹었던 것이다. 옥호 모자는 송도로 이주해 그곳에 터를 잡았다. 이후 옥호의 삶은 억척어멈 그대로였다. 부잣집의 허드렛일을 도맡아 하며 극량을 교육시키기 위해 최선을 다했다.

홍 판서 집에서 양반이 아들을 교육하는 모습을 보았던 그녀는 극량에게 자신이 알고 있는 모든 것을 가르쳤다. 하지만 학문을 배운 적이 없어 한계가 있을 수밖에 없었다. 그래서 그녀는 근처의 부잣집에서 일해주는 대가로 극량이 어깨 너머로나마 글공부를 할 수 있게 해달라고 간청했다. 다행히 극량은 영민한 아이였다. 서당 선생도 혀를 내두를 정도로 공부 실력이 쑥쑥 늘어났다. 또 틈만 나면 땔감을 주워다 팔아 어머니에게 맛난 음식을 사다드릴 만큼 효심이 깊은 아이였다.

그러던 어느 날이었다. 극량은 땔감을 짊어지고 상중喪中인 집 앞을 지나가게 되었다. 안을 들여다보니 그 집은 너무나 가난하여 제삿밥조차 올리지 못할 형편이었다. 극량은 짊어지고 있던 땔감을 내려서 반을 나누어 주고 나머지 반은 장에 내다 팔아 그 돈마저 건네주고 돌아왔다. 이 일을 전해 들은 어머니는 매우 기뻐하며 "너를 낳은 이후 이렇게 기쁜 날은 없었다"고 아들을 칭찬했다 한다. 비록 천한 노비 출신이지만 그 어머니의 교육이 얼마나 바른 것이었는지를 알려주는 사례이다. 아비 없이 자라는 극량이지만 그런 어머니를 만난 것은 일생의 행운이 아닐 수 없었다.

두 모자는 억척스럽게 세상을 헤쳐 나가며 조금씩 자리를 잡았다. 돈이 좀 모이자 모자는 쓰러져 가는 오두막을 나와 좀 더 넓은 곳으로 이사를 가기로 했다. 그즈음 송도에는 '흉가'로 불리는 집이 한 채 있었다. 그 집에 살면 반드시 커다란 불행이 덮쳐 결국 사람이 죽는다 하여 아무도 들려 하지 않았다.

옥호 모자는 허황된 말을 믿지 않고 흉가를 헐값에 사들였는데 다행히 아무 일도 일어나지 않았다. 극량은 집을 수리했다. 근처에 우물이 없었으므로 열심히 땅을 파기 시작했다. 그렇게 여러 날 동안 땅을 파던 중 가래 끝에 무언가 쟁그랑 소리를 내며 부딪쳤다. 파낸 물건을 자세히 들여다본 그는 자신의 눈을 의심했다. 몇 번이나 눈을 비비고 다시 보아도 그것은 틀림없는 은덩어리였다. 그것도 놀라울 만큼 큰 것이었다.

마을 사람들은 그 은덩어리가 누구에게도 발견되지 않아 주인을 만나지 못했기 때문에 사악한 기운을 뻗쳐 이 집에 사는 사람들에게 재앙을 내린 것이라고 말했다. 이번에는 집주인에게 발견되었으므로 재앙은 두 번 다시 일어나지 않을 거라는 이야기였다.

옥호 부인과 극량은 은덩어리를 주인에게 돌려주어야 한다고 생각해 관청을 찾아갔다. 그러나 사또는 정직하게 신고한 포상이라며 그것을 모자에게 되돌려 주었다. 그때 어머니는 아들에게 말했다.

"남을 위해 애쓰면 그 당시는 알아주지 않더라도 언젠가는 그 성의를 모두가 알아줄 것이다."

어머니는 언젠가 요긴하게 쓸 날이 있을 것이라 믿으며 은덩어리를 팔지 않았다.

충격적인 고백

극량은 늠름한 청년으로 자라났다. 사람들은 모두들 극량의 비범한 인상과 건장한 체격을 보고 '장군감'이라 칭찬했다. 문반文班이면 몰라도 무반武班이라면 어느 벼슬이든 한 자리 차지할 인재라는 이야기였다(원칙적으로 조선시대의 과거는 양인良人들도 참가할 수 있는 자격이 주어졌다. 높은 학문 수준을 요구하는 문과와 달리 무과와 기술직 관리를 뽑는 잡과에는 평민들이 급제하는 경우가 있었다고 한다). 하지만 그런 말들은 옥호 부인에게 어떤 비밀이 있는지 모르고들 하는 소리였다. 노비 출신이 과거에 급제했다 발각되면 그 자리에서 삭과削科되고 벌을 받아야 했기 때문이다.

이 사실을 알 리 없는 극량은 청운의 꿈을 부풀렸다. 공교롭게도 그의 꿈은 마을 사람들 말처럼 무장武將이 되는 것이었다. 옥호 부인은 아들이 늠름하게 성장하는 모습을 보며 기쁨을 감추지 못하면서도 한편으로는 그저 선량한 인품을 지닌 백성으로 소박하게 살기를 원하고 있었다. 그러나 그런 마음을 내색할 수는 없었다. 젊은 아들에게 공부를 하지 말 것이며, 꿈도 품지 말라는 이야기를 차마 어미의 입으로 담을 수는 없었던 것이다.

그렇게 괴로운 시간이 흘러가고 있었다. 어머니의 속마음을 알 리 없는 극량은 심신을 단련하고 무술 훈련에 힘써 마침내 과거에 응시했다. 그리고 그 어렵다는 무과武科에 당당히 급제하는 영광을 안았다. 극량은 이 기쁜 소식을 전하기 위해 한달음에 달려왔다.

설마 했던 일이 실제로 벌어지자 옥호 부인은 한동안 아무 말도 할 수 없었다. 그러고는 갑자기 목 놓아 통곡하기 시작했다. 극량은 어리둥절할 수밖에 없었다.

"어머니! 어째서 우십니까? 이 기쁜 일에 그렇게 애통하게 우시는 이유가 무엇입니까?"

옥호 부인은 눈물을 삼키며 말했다.

"극량아! 사실은 지금껏 너에게 감추어온 사실이 있단다. 너의 아버지와 만나기 전 나는 홍 판서 댁에서 일하던 비녀였구나. 그 집의 가보를 깨뜨리고는 벌을 받을까 두려워 도망친 일이 있었단다. 그때 네 아버지의 도움을 받았고 결국엔 너까지 낳았지만 이 비밀은 둘이서만 간직하기로 했었지. 너도 알다시피 노비의 자식에게 과거가 무슨 소용이더냐. 그래서 이렇게 슬프게 울고 있는 것이란다."

말을 마친 옥호 부인은 양손으로 얼굴을 감싼 채 어린아이처럼 울부짖었다. 극량에게는 충격이었다. 극량의 가슴속으로 하늘이 무너지는 듯한 절망감이 엄습했다. 그러나 이내 정신을 차린 그는 침착한 어조로 어머니를 위로했다.

"그것이 어째서 어머니의 죄이겠습니까? 걱정하지 않으셔도 됩니다. 이 일은 제가 다 해결하겠으니 마음 편히 갖고 기다려주십시오."

그래도 어머니의 애달픈 울음은 오랫동안 멈추지 않았다.

대인과 대인의 만남

유극량은 그 길로 홍 판서를 찾아갔다. 홍 판서 앞에 무릎을 꿇고는 자신이 찾아온 이유를 밝혔다. 어머니를 대신해 용서를 구하며 자신이 노비가 되어 어머니의 죄를 갚겠다고 간청했다.

홍 판서로서도 충격적인 일이 아닐 수 없었다. 오래 전 사라진 여종의 아들이 찾아와 대신 노비가 되겠다고 자청하는 판이니 이 사태를 어떻게 수습해야 할지 알 수 없었던 것이다. 그러나 홍섬은 보통 인물이 아니었다. 그는 중종 임금 대의 개혁 대신인 조광조의 밑에서 수학한 진취적인 선비이자 관리였다. 비록 노비제를 반대하는 데까지 이를 수는 없었지만 그도 정의가 무엇이고 사리분별이 무엇인지는 충분히 알 만한 사람이었던 것이다. 이처럼 제 발로 찾아와 죄를 고백하고 용서를 구하는 인물을 어떻게 벌줄 수 있단 말인가. 게다가 눈앞의 젊은이는 한눈에 보아도 비범한 기상이 넘쳐흐르는 게 보통 인물이 아니었다.

홍섬은 문갑 속을 뒤져 옥호 부인의 노비문서를 꺼냈다. 그리고는 극량의 눈앞에서 그 문서를 불태워버렸다.

"자, 이제 자네와 모친은 더 이상 노비의 신분이 아닐세. 자네의 앞 날에도 아무 문제가 없을 걸세."

그날의 상황이 자세히 전해지지는 않지만 아마도 극량은 기쁨의 눈물을 참지 못하며 깊게 머리를 조아렸을 것이 틀림없다.

과거에 급제해도 벼슬길에 나가지 않으면 평범한 백성으로는 살아갈 수 있을 터였다. 그럼에도 한 점 티끌을 두려워해 스스로 주인집을 찾아가 노복奴僕이 되겠다고 자청한 유극량은 분명 대인大人이었다. 그러나 그런 극량을 흔쾌히 용서하고 젊은 인재의 앞날을 배려해준 홍 판서도 대인배이기는 마찬가지였다. 이날의 대면은 대인과 대인의 만남이라고 불러야 할 만큼 극적이었다.

전해 오는 바에 따르면 그날 이후로 유극량은 홍 판서를 주인의 예로 섬겼다고 한다. 인사를 드릴 때는 동네 어귀에서부터 말을 내려 두 손으로 예물을 받들고 걸어 들어왔다는 것이다. 이처럼 유극량은 참으로 은혜를 알고 예를 아는 인간이었다.

그래도 벗어날 수 없었던 신분의 굴레

유극량은 관직에 나아가 장령將領의 지위까지 올랐으나 결코 거만하지 않았으며 많은 사람들로부터 존경과 사랑을 받았다. 맡은 바 직책에도 충실해『조선왕조실록』에는 그가 매우 유능한 장수였다는 기록이 여러 차례 보인다.

이처럼 인품과 실력을 인정받아 임진왜란 한 해 전인 1591년에는 전라 좌수사라는 막중한 직책에 임명되기도 했다. 임진왜란의 영웅 이순신은 그의 직책을 이어받은 장수였다.

하지만 신분의 굴레는 늘 그를 고통 속으로 몰아넣으며 벗겨지지 않는 족쇄처럼 아프게 했다. 어렵게 임명된 전라 좌수사에서 밀려날 때도 이유는 바로 그의 미천한 신분이었다. 『선조실록』에는 당시의 상황이 이렇게 기록되어 있다.

> 사헌부가 아뢰기를 "전라 좌수영은 바로 적을 맞는 지역이어서 방어가 매우 긴요하니 장수를 잘 가려서 보내야 합니다. 새 수사永使 유극량은 인물은 쓸 만하나 가문이 한미하기 때문에 지나치게 겸손합니다. 그리하여 군관軍官이나 무뢰배들과도 서로 너니 내니 하는 사이여서 체통이 문란하고 호령이 시행되지 않습니다. 비단 위급한 변을 당했을 때에만 대비하기 어려울 뿐 아니라 방어하는 군졸을 각 고을에 보낼 때에도 틀림없이 착오가 생길 것이니, 지방의 방비를 맡기는 것이 매우 염려스럽습니다. 다른 사람으로 바꾸소서……" 하니, 답하기를 "아뢴 대로 하라. 수사는 이미 교체했다" 하였다.

'인물은 쓸 만하나 가문이 한미하다.'

이것은 유극량의 생애와 관직 생활 전체를 규정짓는 말과 다름없었다. 인물이 쓸 만하고 실력이 출중하지 않았다면 천민 출신으로 전라 좌수사의 자리에 오르지 못했을 것이다. 하지만 그는 늘 직책으로서가 아니라 신분으로 평가받았고 이는 그에게 벗어날 수 없는 운명이 돼버렸다.

이와 같은 불합리한 상황을 보며 그가 어떤 생각을 품었을지 추측하기란 쉽지 않다. 체념하며 그저 운명이 시키는 대로 이리저리 움직이는 편이 더 낫다고 생각했을까. 하지만 그랬던 것 같지는 않다. 그는 자신의 운명에 저항하여 근본적인 변화를 추구하는 일이 어렵다는 것은 잘 알았다. 그러나 그는 포기하지 않고 그 운명의 굴레 안에서나마 항상 더 나은 것, 더 옳은 것을 추구하는 참 군인이었다.

유극량의 장렬한 죽음

유극량이 가졌던 삶의 태도가 가장 잘 드러난 것은 임진왜란이라는 위기 상황 속에서였다. 전라 좌수사에서 밀려난 그는 조방장助防將에 임명되어 적의 북진을 막게 됐다. 조방장이란 각 도에 파견된 군사령관인 병사兵使를 보좌하는 임무였다.

부산항에 상륙한 왜군이 맹렬한 기세로 북상하자 조정은 신립으로 하여금 이를 막게 했다. 유극량은 지세地勢의 유리함을 들어 조령鳥嶺에서 적을 막기를 청했다. 그러나 신립은 엉뚱하게도 강을 배후에 둔 탄금대에 진을 치기로 했다. 그러자 극량은 3백 명의 병사를 청해 죽령竹嶺을 수비했다. 그의 예상대로 탄금대의 신립군은 전멸을 면치 못했고, 이후 유극량은 북으로 후퇴하여 임진강을 수비하는 임무를 맡게 되었다. 이때 어머니가 군자금으로 쓰라며 건네준 옛날의 은덩어리가 크게 도움이 되었다고 전한다.

하지만 전황은 최악의 상황에 처해 있었다. 이번에는 조정에서 탁상공론이나 일삼던 무능한 장수들이 일을 그르치고 있었던 것이다. 파죽지세로 진군한 왜군은 서울을 함락시키고 북으로 도망친 선조 일행을 추격하고 있었다. 하지만 임진강변에 정연하게 늘어선 조선군을 보고 강을 건너길 주저하고 있었다.

차일피일 시간을 낭비하던 왜군은 마침내 후퇴하는 척하며 조선군을 유인하는 계책을 사용했다. 유극량이 보기에 그것은 너무나도 뻔한 속임수라서 결코 강을 건너서는 안 될 상황이었다. 그러나 조정에서 파견한 남병사南兵使 신할의 생각은 그렇지 않았다. 적이 겁을 먹고 도망치려 한다고 생각한 그는 강을 건너 적을 총공격하라고 명령했다.

유극량이 신할의 명령에 반대하고 나서자 신할은 칼을 빼들고 유극량을 베려 했다. 두려움 때문에 싸움을 회피하려 한다는 이유였다. 유극량은 이렇게 말했다.

"소싯적부터 여러 전쟁터에 종군從軍해온 내가 죽기를 두려워하겠습니까. 내가 반대한 이유는 국사를 그르칠까 봐서입니다."

참 군인이었던 그는 뻔히 죽음이 기다리고 있는 길을 담담히 걸어갔다. 누구보다 앞장서 강을 건너 명령을 따랐다.

모든 것은 그가 예상한 그대로였다. 조선군이 모두 강을 건너자 매복해 있던 왜군이 기다렸다는 듯 총공세를 퍼부었다. 변변한 무기도 갖추지 못한 조선군은 낙엽처럼 쓰러지고 신할마저 전사하고 말았다.

유극량은 쓰러지는 부하들을 보며 이렇게 외쳤다.

"여기가 내가 죽을 곳이로구나!"

그리고는 적에게 달려들어 맹렬하게 싸우다 전사했다.

어머니의 가르침

임진강변에서 죽을 때 그는 50~60대에 이른 노장이었다고만 알려져 있다. 생년을 정확히 알 수 없으므로 나이를 꼽기 힘든 까닭이다.

언제나 그의 비천한 신분을 조롱하던 조정에서도 그의 장렬한 전사는 애통한 소식이었던 모양이다. 그는 사후 충신열사로서 병조참판이라는 관직에 추증되었고, 개성의 숭절사에 배향되기도 했다. 그러나 그것으로 그의 한이 달래졌을지는 의문이다. 실제로 그의 비천한 신분은 끝끝내 사대부들에게 화제의 대상이 되었던 모양으로, 수백 년이 지난 정조 임금의 실록에도 "유극량이 천적賤籍에 들어 있었다"는 기록이 나올 정도이다.

하지만 진정 무엇이 옳고 무엇이 나라의 앞날을 밝혀줄 계책인가를 놓고 고민하던 이들에게는 달랐다. 유극량이야말로 역경을 딛고 꺼져가던 나라의 빛을 되살려준 영웅으로 추앙받기에 충분한 인물이었던 것이다.

영조 임금 대의 실학자 이익李瀷(1681~1763년)은 『성호사설星湖僿說』이란 책에서 이렇게 얘기하고 있다.

> (유극량과 같은 천인 출신의 인재는) 비록 학문이 정주程朱(정자程子와 주자朱子를 가리킴)와 같고 무예가 곽자의, 이광필과 같더라도 사람들이 천하게 여겨 버리는 바이다. 그는 종의 아들로 벼슬이 부원수에 이르렀고 사람들도 감히 그 착함을 숨기지 못했으니 인품을 알 수 있다. 이 어찌 구구한 지혜와 재능으로써 이룩될 일이었겠는가? 마침내 위급함을 당하여 목숨을 바쳐 천고의 미명美名까지 이루었으니 어찌 특출한 대장부가 아니겠는가? 그로부터 백여 년이 지난 오늘에 와서는 인심과 풍속이 날로 퇴패하여 비록 유극량과 같은 좋은 인재가 있더라도 군졸들 사이에서 늙어 죽을 뿐이다.

지난날 그의 어머니가 은덩어리를 앞에 두고 주었던 가르침, "남을 위해 애쓰면 그 당시는 알아주지 않더라도 언젠가는 그 성의를 모두가 알아줄 것이다"라는 말이 귓가에 울리는 듯하다. 그는 고난에 가득 찬 일생을 살았지만 지금 우리가 그의 충절과 인품에 감동하는 것도 그에 값하는 이치 아닐까?

그렇다면 이것은 유극량의 공적임과 동시에 그를 바르고 특출한 인재로 키워낸 어머니의 공이라 하지 않을 수 없다. 그녀가 거친 세파에 꺾여 아들에 대한 양육을 포기했더라면 혹은 교육을 포기했더라면 유극량과 같은 인재는 태어나지 않았을 것이기 때문이다.

옥호 부인은 이 세상을 떠날 때까지 사랑하는 아들의 영혼을 지켰다고 한다. 비록 아들은 잃었지만 그의 가슴속엔 자랑과 긍지가 가득했으리라 생각한다.

칠거지악七去之惡과 삼불거三不去

조선시대에는 아내와 며느리로서의 의무를 충실히 이행하지 않는 여인을 쫓아낼 수 있는 일곱 가지 허물이 있었다. 이것을 '칠거지악' 혹은 '칠출지악七出之惡'이라 했는데, 중국 서한 시대의 경학자 대덕戴德이 예에 관한 성인의 말씀을 정리한 『대대례기大戴禮記』「본명本命」편을 근거로 한 것이었다.

칠거지악의 내용은 시부모에게 순종하지 않는 것, 아들을 낳지 못하는 것, 음탕하여 자식의 혈통을 보장하지 못하는 것, 투기가 심한 것, 나쁜 병이 있는 것, 말이 많은 것, 도둑질하는 것 등이었다.

반면 여성에 대한 보호 제도도 마련되어 있었다. 이를 삼불거라 했는데, 칠거지악을 범해도 쫓아낼 수 없는 경우를 말했다. 쫓아낼 경우 돌아갈 친정이 없는 것, 함께 부모의 상喪을 치른 경우, 가난할 때 시집왔으나 이후 부자가 된 것 등이 주된 내용이었다. 여성에 대한 보호망이라고는 하지만 자의적으로 적용될 소지가 큰 칠거지악의 조항들과 비교해보면 여성의 지위가 얼마나 불안하고 형편없이 낮았는지를 알 수 있다.

조선 후기로 가면서 칠거지악과 삼불거는 오출사불거五出四不去(자식이 없는 것, 질투하는 것을 칠거지악에서 빼고, 반면에 자식이 있는 경우는 아내를 쫓아낼 수 없도록 함)로 바뀌었다가 20세기에 들어선 1908년에야 폐지되었다.

일본으로 간
밀 부인과 오조에 · 고조에 자매 그리고 오타 쥬리아

'밀 부인'과 '오조에 · 고조에 자매'의 기구한 인생

납치 전쟁

조선의 역사에서 '임진왜란'이라 하면 도요토미 히데요시豊臣秀吉의 조선 침략(1592~1598년)을 말한다. 이 침략 전쟁은 후에 일본에서 '납치 전쟁' '도자기 전쟁' '활자 전쟁' 등으로 불렸는데, 전쟁의 성격과 실태를 적절하게 표현한 것이라 하겠다.

부득이하게 물러나야 할 처지에 놓인 히데요시의 침략군은 조선의 귀중한 문화재와 금은보석 · 도자기 · 서화 · 골동품 · 고서 · 인쇄기구 등을 닥치는 대로 약탈했을 뿐만 아니라 이름 있는 학자 · 의사 · 화가 · 도공 · 활자공 · 제지공 등 각 분야의 우수한 인재들을 강제로 끌어갔다. 물론 일반 서민들도 예외는 아니어서 무수히 많은 이들이 포로로 끌려갔다. 그것만이 아니다. 히데요시의 침략군은 용모가 아름다운 왕후귀족의 부녀자나 서민의 딸들을 비롯해 옷감 짜는 여인, 여공, 기녀나 농부의 아내, 그리고 일반 부녀자들까지 강제로 끌어갔다.

이는 히데요시가 모우리 데루모토毛利輝元나 나베지마 나오시게鍋島直茂 등에게 "세공을 잘하는 남자와 솜씨가 좋은 조선 여자를 보내라"고 명령한 데 따른 것으로, 끌려간 사람이 무려 7만 명에 이른다고 한다.

일본의 종군 승려 게이낸(慶念)이 쓴 『조선일일기朝鮮日日記』에는 히데요시의 침략군이 조선 각지에서 저지른 잔학무도한 만행이 생생하게 기록되어 있다. 그 가운데에는 일본에서 '사람 장사'를 하는 자, 즉 노예 상인까지 나타나서 악귀처럼 날뛰는 모습이 다음과 같이 적혀 있다.

> 일본에서 온갖 상인이 몰려왔는데 그중에 사람 장사를 하는 자가 있어 왜군의 뒤를 쫓아 걸으면서 (조선의) 남녀노소를 사들이고 밧줄로 목을 줄줄이 묶어 앞쪽으로 몰아대며 갔다. 잘 걷지 못하면 나뭇가지로 때리면서 달리게 하는 모습이 마치 아보나찰이 죄인을 고문하는 듯하였으므로 참혹하기 이를 데 없었다.

짐승도 외면할 것 같은 잔혹한 행동이었으며 그렇게 끌려간 많은 사람들이 나가사키나 오무라 등의 노예 시장에서 외국으로 팔려 나간 사실이 외국인 선교사의 기록으로도 전해지고 있다.

본명은 확실치 않지만 '안토니오 코리아'라 불리는 한 조선인 남성은 나가사키의 노예 시장에서 멀리 이탈리아로 팔려가 거기서 생애를 마감했다. 유명한 화가 루벤스가 그린 작품 〈한복을 입은 남자〉의 모델이 바로 그가 아니었을까 생각된다. 이탈리아 칼라브리아 주의 알빈 마을에는 지금도 '코리아'라는 이름을 가진 사람들이 살고 있는 모양이다.

이는 아마도 빙산의 일각에 불과할 것이다. 노예 거래의 실태를 본격적으로 추적 조사한다면 안토니오 코리아와 같은 수많은 사례를 발견할 것이 분명하다.

밀밭에서 사로잡히다

일본 각지, 특히 규슈·쥬고쿠·시코쿠(도쿠시마·가가와·에히메·고우치)·깅키 지방에는 비참한 운명의 길을 걸었던 조선 여인의 흔적이 아직도 매몰된 채 방치되어 있다. 이들 지방의 관련 사료에 따르면, 히라도의 번주(영주) 마츠우라 시즈노부松浦鎭信는 히데요시의 조선 출병에 참가했는데 철수할 즈음 "조선에서 도공을 다수 끌어왔으며 성이나 사원을 불태우는 등 그야말로 당시 유럽의 절대군주를 방불케 하는 폭군이었다"(『사가현의 역사 산보』 외)고 한다.

이러한 시즈노부가 거느리는 침략군이 서울을 점령하고 있을 때 성밖의 밀밭 속에 아가씨로 보이는 젊은 여자가 숨어 있는 게 발견되었다. 붙잡아서 보니 상당한 미인이었다. '조선 왕이 서울을 떠날 때 일행에서 뒤쳐진 자'로 생각한 시즈노부는 전쟁 중임에도 불구하고 그녀를 가까이 두고 총애했다고 한다.

그녀는 밀밭에서 붙잡혔기에 '밀 부인'이라 불리게 되었다. 일본군이 철수할 즈음이 되자 이미 배가 불러 있었고 현해탄을 건너는 배 안에서 남자아이를 낳았으나 소문나는 것을 꺼린 시즈노부의 명령으로 아이는 이키의 해변에 버려졌다고 한다.

'밀 부인'은 그 후에도 시즈노부의 측실 중 한 사람으로서 총애를 받았지만 배 안에서 낳은 아들을 아무래도 잊을 수 없었다. 그러나 사방팔방으로 수소문해보아도 아들의 행방은 좀처럼 찾을 수 없었다.

그렇게 10년의 세월이 흐른 뒤 밀 부인은 아들이 오시마의 뱃사공 집에서 자라고 있다는 사실을 알아냈고, 자신의 신원을 증명할 만한 물건들을 지니고서 마침내 그리운 아들과 눈물의 재회를 했다고 한다.

그 지방의 기록으로는 그녀를 '청악淸岳 부인'이라 하는 것 같지만 본명은 밝혀지지 않았다. 또 일설에 의하면, 그녀가 조선 제14대 소경왕昭敬王(선조의 시호)의 공주인 '곽청희'였다고도 하는데 이를 객관적으로 뒷받침할 만한 자료는 아직까지 발견되지 않았다.

히데요시에게 '헌상'된 자매

'오조에(大添)' '고조에(小添)'라 불리었던 조선의 자매도 기구한 운명을 맞았다.

시코쿠 다카마즈의 성주인 이코마 사누키노카미生駒讚岐守는 조선 땅에서 철수할 당시 백여 명의 조선인을 납치했다. 그 부하였던 다카오카 나리자에몬高岡城左衛門은 조선의 아름다운 자매를 납치했을 뿐 아니라 귀국 후 그녀들을 히데요시에게 헌상했다.

두 사람의 본명이나 출신지는 밝혀지지 않았다. 이 둘 모두 조선 왕실의 궁녀였다는 설이 있는데 그럴 가능성도 있다. 그녀들이 히데요시에게 어떤 취급을 받았는지는 확실하지 않으며, 히데요시가 죽은 뒤 그녀들은 일단 다카마즈 성주의 아버지 이코마 지카마사生駒親正에게 보내졌다. 그리고 다시 다카오카 나리자에몬의 집으로 옮겨져 그곳에서 남은 생애를 보낸 모양이다.

그녀들의 생활에 대해서는 확실하게 알려진 것이 없다. 이 자매에게 '오조에' '고조에'라는, 뭔가 사연이 숨어 있을 법한 일본 이름이 붙여진 것도 궁금증을 불러일으키지만 그 이유 역시 알려진 바가 없다. 어쨌든 그녀들은 타국으로 인신공양된 몸이었으므로 분명 비참한 생활을 했을 것이다. 지방의 자료에 따르면 그녀들은 다카오카의 집에서 여생을 보낸 뒤 세상을 떠나 그 집안의 묘지에 묻힌 모양인데 두 사람이 죽은 해에 대해서는 여러 가지 설이 있다.

다행히 그녀들의 묘가 다카마츠 시 교외에 있다는 것을 알고 그곳을 직접 찾아가 보았다. 다카오카 가家와 관련 있는 와타나베 가의 묘지는 하쿠산(白山)의 남쪽 기슭에 있었다. 무성한 나무들 사이에 자매의 묘가 쓸쓸하게 나란히 서있었다. 근처에 사는 구메이 메이치 씨에 따르면 그녀들의 묘는 원래 와타나베 가, 야마자키 가의 묘지에 있다가 약 5년 전에 이곳으로 옮겨졌다고 한다.

이장移葬을 통해 자매의 묘에 대한 경위를 알게 된 구메이 씨는 두 사람의 영혼을 위로하기로 마음먹고 틈나는 대로 묘지기처럼 청소를 하고 제물을 올렸다. 하루는 두 사람의 묘 앞에 과일을 올렸는데 밤이 되자 어찌된 일인지 굴이 없어져 아마도 자매의 영혼이 가지고 가서 먹은 것이라 생각하기도 했단다.

현재의 와타나베 가는 다도·꽃꽂이의 가업을 와타나베 노부오渡辺信夫가 잇고 있다 하는데 유감스럽게도 그를 만나지 못했다. 그 집에는 오조에·고조에 자매의 유품 40여 점이 보관되어 있다. 생전에 자매가 애용했던 갓이나 거울, 옷, 부적불상, 정교한 놋그릇 등인데 사진만 보았을 뿐 직접 보지는 못했다.

덧붙여 말하면, 고우치 현 나카무라 시에는 '조선여朝鮮女'라 새겨진 묘가 있고 도쿠시마 시의 관정사에도 '고려형여야高麗形女也'라는 묘비와 묘가 있다. 또 근방에는 조선 여성의 묘가 여럿 있다고 한다.

묻혀진 비분의 궤적

에도 시대의 조선 통신사에 관한 기록이나 「분로쿠 게이초의 역(임진왜란) 때의 피랍인 연구」 등에도 임진왜란 당시의 조선 여성 납치 실태가 생생하게 적혀 있다. 예를 들면 제4차(1636년) 조선 통신사 임광任絖은 『병자 일본 일기丙子 日本 日記』에서 오사카에서의 일을 다음과 같이 기록하고 있다.

> 환영 군중 가운데에는 남녀를 불문하고 합장하고 인사를 하는 자가 있는가 하면 허리를 구부리고 인사를 하는 자, 혹은 계속 눈물을 흘리며 몇 번이고 인사를 하는 자도 있었는데 그들은 모두 우리나라에서 잡혀온 사람들이다.

제1차(1607년) 사절단의 눈에는 '교토로 향하는 도중 구경 나온 군중 속에 섞여서 눈물을 흘리고 있는 부인'이 비쳤고, 제2차(1617년) 때는 '강가에 혼자 앉아 눈물에 젖어 있던 노부인'이 눈에 띄었다고 한다.

조선 통신사는 당연히 돌아오는 길에 일본으로 끌려온 동포들을 모아서 귀국시켰는데, 참고로 그 숫자를 살펴보면 다음과 같다.

1605년　1,390명

1607년　1,418명

1617년　321명

1624년　146명

약 7만 명이라는 피랍자 수에 비해 귀국자 수는 극소수에 불과하다. 주된 원인은 도쿠가와 막부가 영주들에게 '피랍인'을 귀국시키라고 명령했음에도 불구하고 도공 같은 전문 기술자들을 은닉, 격리한 영주가 많았던 점, 또 부녀자의 경우 밀 부인이나 오조에·고조에 자매처럼 첩으로서 영주에 의해 숨겨진 이들이 많았던 점, 그리고 세월이 흘러 그곳에서 결혼하여 아이들이 태어나고 가정을 갖고 있던 사람들이 많았던 점 등으로 생각된다.

두 번째 원인으로 보이는 부녀자들로는 히데요시의 북정소北政所에서 일했다는 '남중원의 여자', 상광 요시카와히로 가의 시녀였던 '박우의 둘째 딸' 등이 있다. 또 히라도 태수의 어머니는 '창원 양반 자녀'이고, 이키섬 주인의 첩과 동족인 마츠쿠라 소우닌의 생모도 '창원 태생의 피랍 자매'였다는 기록이 있다.

나이토 씨는 마츠야마 성주城主 가토우 요시아키의 경우를 다음과 같이 적고 있다.

> 요시아키가 조선의 어느 성을 공격했을 때 도망 못간 강아지를 안고 있던 한 소녀와 늙은 유모를 붙잡았는데 그 소녀가 범상치 않음을 알고 귀국 후 츠쿠다 이소나리에게 맡겼다. 이후 요시아키의 명령으로 츠쿠다의 첩이 되어 이소요시를 낳았는데 고국을 그리워하여 고씨高氏라 불렀다. 관문寬文 10년에 91세로 세상을 떠났다. 그녀는 현명한 아내였고 자비로운 어머니였다…….

히데요시의 조선 침략은 조선의 역사를 크게 훼손했을 뿐 아니라 조선의 여성상에도 잔혹한 상처를 입히는 죄업을 지었다. 그 비분의 궤적은 아직까지 묻힌 채로 방치되어 있다.

신앙을 위해 도쿠가와 이에야스를 거역한 여인

두 번에 걸친 도요토미 히데요시의 조선 침략은 매번 참담한 실패로 돌아갔지만 그에 따라 인생길이 크게 뒤바뀐 조선인이 적지 않았다.

그들 중에는 노예처럼 해외로 팔려 나간 사람도 있는 반면 주자학자 강항姜沆이나 도공 이참평李參平처럼 일본의 다이묘大名(넓은 영토를 가진 무사, 특히 에도 시대에 봉록 1만 석 이상의 무가(武家)에게 중용된 인물도 있었다.

하지만 '오타 쥬리아'처럼 어려서 일본으로 끌려가 기독교 신자가 되고, 끝까지 신앙을 버리지 않은 채 생을 마친 기구한 운명의 여성은 드물 것이다.

고니시 유키나가에게 붙잡힌 조선 소녀

우선 오타 쥬리아라 부르게 된 이유가 의문인데, 이것이 그녀의 본명, 즉 조선 이름이 아님은 물론이다.

'쥬리아'는 기독교 신자가 되고 난 후에 붙여진 세례명이므로 문제가 되는 것은 '오타'이다. 이에 대해 '오타(太田)' 혹은 '오타키(お瀧)'의 발음이라는 견해가 있는데 속단해서는 안 될 문제이나 그녀가 어린 소녀인 이상 '오타'나 '오타키'는 조선 이름의 음을 일본풍으로 표기한 것으로 보는 게 타당할 것이다.

그렇다면 '오타'의 본명은 무엇이었을까. 히라타(平田都著)와 다무라(田村襄次) 감수의 『오타 쥬리아』(중앙출판사 刊)에는 한국의 어느 기독교 신자에게서 들은 이야기로, '오십시오(いらっしゃいませ)'라는 말이 '오타(おたぁ)'에서 온 것이라는 견해가 소개되어 있다.

그러나 'いらっしゃいませ'에 해당하는 정식 한국말은 '어서 오십시오'이고 그 인사말이 그녀의 이름이 되었다는 건 아무래도 부자연스럽다.

그러면 '오타'라는 이름을 어떻게 해석해야 할까. 확실치는 않지만 그녀와 같은 운명을 지닌 '마리아 박(朴)'이라는 여성의 경우로 유추해

볼 때, '오타ぉたぁ'의 'お'는 '吳'라는 성이고 'たあ'는 '茶雅' 혹은 '多雅' 등의 글자에 해당하는 이름이 아닐까 생각된다.

이렇게 해석해보면 무엇보다 부자연스럽지가 않다. 또한 그녀가 양반가의 딸이라는 점을 감안해도 나름 일리가 있는 듯하다. 아무튼 이 모든 일들은 그녀가 어릴 적 너무나 충격적인 사건을 경험했음을 이야기해준다.

그러면 그녀는 언제, 어디에서 납치되었을까. 오타 쥬리아에 관한 몇 가지 자료를 보면 그녀는 히데요시가 처음으로 조선을 침략했을 때 고니시 유키나가 군에 의해 평양에서 납치되었을 가능성이 크다. 나이는 5세 정도로 보이고 게다가 양반가의 딸이었던 것으로 되어 있는데, 유키나가가 이 소녀를 죽이거나 방치해 두지 않고 일본으로 데려간 점으로 보아도 이 또한 타당성이 있는 이야기라 하겠다.

그러나 그녀의 부모나 가족에 관한 자료는 지금까지 하나도 발견되지 않았다. 아마 아버지는 전사했고, 어머니나 가족도 전화戰火에 휩쓸려 죽었거나 생이별했을 수 있다. 아무튼 그녀는 그렇게 일본에 왔다. 이후 기독교도인 고니시 유키나가의 부인에게 맡겨졌는데, 일본어를 이해할 리 없는 어린 그녀가 겨우 말할 수 있었던 건 자신의 이름 정도였을 것이다.

그녀는 고니시 부인의 사랑을 받았고 드디어 세례를 받게 되었다. 오타 쥬리아라 불리게 된 것은 이때쯤일 것으로 보이는데, 이는 한양에서 끌려온 양반가의 아이가 역시 일본에서 세례를 받고 '비센테 가운嘉運'이라 불렸던 사례를 봐도 충분히 있을 수 있는 일이다.

하지만 어떤 의미에서는 그녀가 고니시 부인 밑에서 자란 기간(5~6년이라 함)이 오히려 행복한 시기였을지 모른다. 왜냐하면 경장慶長 5년, 천하의 대권을 잡기 위해 양분되어 싸운 세키가하라노 다다카이에서 고니시 유키나가가 패배해 처형되었기 때문이다.

이에야스를 거역하다

고니시 유키나가 가家의 비운은 오타 쥬리아에게 새로운 비극의 시작이기도 했다. 그녀는 그 후 천하를 쥔 도쿠가와 이에야스德川家康의 손에 넘겨지게 되었는데 그 경위에 대해서는 아무런 기록을 발견할 수 없다. 하지만 궁궐로 들어간 뒤의 삶에 대해서는 몇 가지 자료가 매우 구체적인 이야기를 전해준다. 『일본절지단종문사日本切支丹宗門史』에는 다음과 같은 기록이 있다.

이에야스 측근에서 시중을 드는 부인 가운데에는 본래 유키나가 부인의 시녀였던 조선 부인이 한 사람 있었다. 이 부인은 매우 열심이었다. 낮에는 궁궐에서 맡은 일이 있고 늘 이교도가 있어서 틈을 낼 수가 없었으므로 많은 밤을 성서를 읽고 기도했다. 옆 사람들을 개종시키고 교리의 진실을 알리는 것이 그녀의 첫 번째 소원이었다. 더욱 놀라운 것은 그녀가 대단한 미인이고 천성이 원만하며 게다가 나이를 먹어감에 따라 가시 속에 피는 장미처럼 부박한 구중궁궐에 있으면서도 스스로를 잘 지켜나갔다는 점이다.

마찬가지로 오타 쥬리아를 칭찬하는 기독교 관계의 기록이 많은데, 그녀의 독실한 신앙심과 단아한 인간성을 이야기하고 있다.

한편 그녀에게는 또 다른 시련이 닥쳐왔다. 도쿠가와 막부의 천주교 탄압과 관련해서 이에야스가 궁궐의 기독교도에 대해 '개종'을 요구한 것이었다. 로드리게스 지란의 「일본 예수회의 통신(1613년 1월 12일)」에 따르면 당시의 정황은 다음과 같았다.

그 여자들 가운데 주요 인물은 쥬리아와 루치아, 클라라였다. 장군 (이에야스)은…… 이 세 사람에게 우선 신앙을 버리라고 명령했다. 그 여자들을 겁주기 위해 처음에는 감옥 같은 방에 가두어버렸다.

그러나 그녀들은 개종하지 않았다. 이에야스는 "루치아와 클라라는 상관없지만 쥬리아가 내 명령에 복종하지 않는 것은 용서할 수 없다. 은혜도 모르는 데다가 판단력마저 잃고 있다"며 쥬리아를 크게 벌주도록 명령했다고 한다.

이에야스의 "은혜도 모른다"란 말이 무엇을 의미하는지는 정확하지 않으나 아무튼 그녀는 개종하지 않고 완강하게 버텼던 모양이다. 때문에 궁궐의 이교도들은 그녀를 '이상한 사람, 외인外人, 야만인' 등으로 매도했을 뿐 아니라 몰래 죽여버릴 계획까지 세웠다.

이에야스는 그 후에도 여러 가지 회유책을 쓴 듯한데 쥬리아에 대한 그의 집념이 어디에서 비롯된 것인지 의문이 들지 않을 수 없다. 일부에서는 그녀가 이에야스의 첩이었다는 견해도 있는 모양이나 『무뇨스

보고서』(1607년)는 이를 확실히 부정하고 있다.

지금까지 그 여자는 다른 부인들과 마찬가지로 장군의 좋은 시간에 불려가서 시중드는 첩일 것으로 생각했으므로 그녀에게 성체를 받게 하지는 않았습니다. 그러나 쥬리아는…… "만일 장군이 다른 여자들을 부르는 것처럼 나를 자신의 방으로 부른다 해도 나는 도망갈 것이고 그것은 쉬운 일입니다. 만일 그럴 수 없을 상황이라면 장군의 희망을 승낙하기보다 죽임을 당하는 쪽을 택하겠습니다"라고 말했습니다.

이는 당시 그녀와 접촉했던 신부의 증언이다. 만일 이에야스의 첩이었다면 그는 쥬리아를 멀리 떨어진 외딴섬으로까지, 죽음과도 같은 유배형에 처하지는 않았을 것이다.

고즈시마의 묘

1612년 4월 20일, 쥬리아는 이에야스의 명령으로 이즈의 아지로에서 오시마로 유배되었다.

그 여자가 끌려간 길은 구불구불한 돌투성이였다. 쥬리아는 공덕을 쌓을 좋은 기회를 놓치지 않게 해달라고 호위병에게 부탁하고는 가마에서 내려 맨발로 걷기 시작했다. 배를 탈 때까지 따라갔던 한 기독교도에 따르면 당시 쥬리아는 다음과 같이 말했다고 한다. "우리 주 그리스도께서 어깨에 십자가를 지고 골고다 언덕으로 가실 때 가마를 타시

지는 않았습니다. 맨발로 많은 피를 흘리면서 가셨습니다. 그분의 비녀인 나는 그 도행道行을 배우고 싶습니다." (로드리게스 지란 「일본 예수회의 통신」)

똑같은 기록이 다른 곳에도 있는 것으로 보아 쥬리아가 맨발로 아지로 항에 도착한 일은 사실인 듯하다.

그녀는 오시마로 유배되어 1개월 정도 있다가 니지마로 옮겼는데, 그곳에는 궁궐에서 추방된 여성 신도가 많았으므로 얼마 후 더욱 사람이 없는 고즈시마로 유배되었다고 한다. 오시마와 니지마에서 머문 기간에 대해서는 이설이 있는데 오시마에서는 2~3년, 니지마에서는 그보다 좀 더 긴 기간을 보냈다는 이야기가 있다.

그들의 포교가 평온무사하게 이루어지지는 않았을 것이다. 일례로 하치죠지마로 유배되었던 여성 '막달레나'는 섬 주인의 뜻에 따르지 않았다고 해서 귀와 코가 잘리고 마지막에는 목숨마저 잃었다.

아무튼 오타 쥬리아는 당시 인가가 일곱 채에 불과했던 고즈시마에서 포교를 계속하다가 오시마로 유배되었고 그로부터 약 40년 뒤 세상을 떠났다고 한다. 당시의 나이는 약 60세로 추정되는데 지금까지도 그 흔적이 오시마에 '오타이네 해변(浦)' '오타이네 사적史蹟' '오타이네 비碑' 등으로 남아 있다. '오타이네'라는 명칭은 '오타야'가 '오타'가 되고 '부인'을 가리키는 이 지방의 방언 '아네'가 그것과 연결된 것으로 보인다.

또 고즈시마에는 '쥬리아 공양합'이 있다. 환경청 자연보호국이 감수한 책 『이즈의 일곱 개 섬伊豆七島』에는 다음과 같이 나와 있다.

전국戰國의 무장 고니시 유키나가가…… 데려온 조선 귀족의 딸 쥬리아는 기독교를 버리지 않았기 때문에 오시마로 유배되었으며 그 후 이 섬으로 보내졌다. 그녀는 망향의 뜻도 이루지 못한 채 순교의 고독한 생애를 마감했다. 유배인 묘지에 조선식 봉양탑이 있고 사면에 십자가가 새겨져 있다.

지금도 매년 이들 섬에서는 그녀들을 추모하는 제를 올리고 있다 한다. 그런데 고즈시마에 조선식 묘를 세운 것은 대체 누구일까? 앞서 나온 문헌 『오타 쥬리아』에서는 이 조선식 묘비에 대해 "관정寬政 연간에 바꿔 세워진 것 같다"라는 설을 소개하면서 "그러나 앞의 것을 답습한 것은 사실"이라고 강조하고 있다.

그렇다면 그녀가 죽은 뒤 처음으로 이 조선식 묘를 세운 것은 누구일까? 그것은 아마도 그녀를 존경했던 섬 주민이었을 것이다. 하지만 그들이 조선식 묘를 만드는 방법에 대해 알고 있었다고는 생각할 수 없다. 그렇다면 오타 쥬리아 자신이 생전에 그와 같은 묘를 만들도록 부탁했던 것은 아닐까?

그게 사실이라면 그녀는 어려서 이국으로 끌려와 기독교를 믿는 몸이 되었어도 고국 조선을 잊지 못했던 것이 틀림없다.

그 시절
그녀들의
삶

고대에도 일본으로 건너간 한국 여인이 있었다

일본의 왕과 왕비가 된 신라 부부

고대 한국에서 아득히 먼 바다를 건너 일본열도에 정착한 여성이 있었다. 『삼국유사』는 설화의 형태로 이 사실을 기록하고 있는데, '연오랑延烏郎과 세오녀細烏女' 이야기가 바로 그것이다. 그 내용을 간략하게 간추리자면 다음과 같다.

"신라 제8대 아달라왕阿達羅王 즉위 4년(157년), 동해의 바닷가에 연오랑과 세오녀 부부가 살고 있었다.

어느 날 바위 하나가 나타나서 미역을 따고 있던 연오랑을 납치해 일본으로 가 버렸다. 일본인들은 바위를 타고 온 연오랑을 보고 '이는 보통 사람이 아니다'라며 왕으로 삼았다.

남편이 돌아오지 않는 것을 이상하게 여긴 세오녀가 밖으로 나가 보니 바위 위에 남편이 벗어놓은 신발이 보였다. 그녀가 그 바위에 오르자 다시 전처럼 그녀를 태우고 일본으로 가버렸다. 그 나라 사람들이 이를 보고 놀라서 왕에게 알렸다. 이렇게 부부는 재회하여 세오녀는 귀비貴妃가 되었다.

그런데 이때부터 신라에서는 해와 달이 빛을 잃게 되었다. 변괴에 놀란 왕이 천문을 다루는 일관日官에게 묻자 '달과 해의 정精이 우리나라에 있었는데 지금은 일본으로 갔기 때문에 이러한 변괴가 일어난 것입니다'라고 아뢰었다. 왕이 사신을 일본으로 보내어 두 사람을 찾으니 연오랑은 '내가 이 나라에 온 것은 하늘이 그렇게 한 것입니다. 지금 어떻게 돌아갈 수 있겠습니까? 그러나 내 아내가 짠 세초細綃(생사로 가늘게 짠 비단)가 있으니 그것을 가지고 하늘에 제사를 지내면 될 것입니다'라 말하고는 그것을 내주었다.

사신이 돌아와서 이 사실을 아뢰자 왕은 세오랑의 말대로 제사를 지냈다. 이후 해와 달이 본래대로 되돌아왔다. 이리하여 세초를 국보로 삼았으며 하늘에 제사를 지낸 곳을 영일현迎日縣(지금의 영일만) 또는 도기야都祈野라 불렀다고 한다."

아마도 이 설화는 고대 한국인들이 일본으로 건너가 기술을 전수하고 국가를 형성하는 밑거름이 되었던 상황을 다룬 것으로 보인다.

세오녀가 비단을 짰다는 부분을 보면 일본의 『고사기古事記』나 『일본서기日本書紀』에 자주 보이는 조선의 '봉공녀縫工女' 혹은 그 기술 집단의 우두머리를 상징하는 것으로 해석할 여지도 있다.

포교를 위해 도일渡日을 선택한 비구니들

보다 이전 시대로 가면 불교를 전하기 위해 일본으로 건너간 비구니들의 기록이 보인다. 『일본서기』에 따르면 고대 한국에서 적지 않은 비구니들이 일본으로 건너가 불교를 전했다고 한다.

『만엽집萬葉集』에 보이는 이원理願이란 인물도 그중 하나였는데, 그녀가 죽었을 때 많은 일본인들이 애통해할 만큼 그녀는 높은 공덕을 쌓은 승려였다. 이원은 신라의 비구니로 성덕왕 때 일본으로 건너가 대납언 대장군 오토모노 야스마大伴安鷹의 집에 머물며 수십 년 동안이나 포교를 했다. 이후 천평天平 7년(성덕왕 34년, 735년)에 유행병으로 눈을 감았는데, 『만엽집』에는 그녀의 죽음을 슬퍼하는 애조 띤 만가輓歌가 실려 있기도 하다.

이 밖에도 고구려의 법명法明 등 우리나라의 비구니들이 불교 전파를 위해 일본으로 건너갔고, 일본에서도 젠신 등의 비구니가 유학을 위해 현해탄을 건너왔다는 기록이 남아 있다.

김만덕
기생이었으나 남자보다 나았다

아버지의 죽음

　조선 영조英祖 15년(1739년), 만덕은 제주도의 작은 마을에서 양인良人이었던 아버지 김응열, 어머니 부씨의 딸로 태어났다. 그녀의 위로는 만석, 만재라는 이름을 가진 오빠 둘이 있었다고 한다.
　그녀는 외동딸로서 부모의 사랑을 한 몸에 받으며 행복한 유년기를 보냈다. 아버지는 상인으로 전라도 나주를 왕래하면서 명산품인 미역·전복 등의 해산물과 감귤류를 팔곤 했다. 또 섬에 밭도 약간 가지고 있어 보리와 밀을 소작케 하였으므로 생활에는 자못 여유가 있었다. 어머니는 원래부터 부지런한 사람인 데다 활달한 성격이어서 집안은 늘 밝은 웃음으로 가득했다. 단란한 가족이었지만 아버지가 몇 대에 걸친 독자였기에 일가친척은 별로 없었다.

당시 서귀포에 있던 집들은 대개 초가집이었다. 만덕의 집도 초가집이었으나 집이 유별나게 크고 방도 많았다. 집안에는 '본향당本鄕堂'이라 불리는 성황당이 있었고, 집 앞쪽으로는 검푸른 바다가 드넓게 펼쳐져 때때로 돛을 단 배가 떠다녔다.

정월이 되면 본향당에 부녀자들이 모이고 무당의 기원제가 시작됐다. 평소 보잘것없는 옷을 입던 해녀들도 이때만은 깨끗한 옷으로 단장하고 가족의 무병장수를 빌었다. 9월부터 이듬해 2월경까지 거칠게 불어대는 계절풍이 조용하게 지나가기를 기원하면서 진수성찬을 만들어 바다에 제를 올리는 것이었다.

제주도는 예로부터 논농사를 극히 일부 지역에서밖에 할 수 없었고 밭농사가 주였으므로 쌀이 매우 귀했다. 따라서 섬 사람들의 생활은 섬의 특산물을 뭍에 가져다 팔아 쌀이나 생활용품을 사오는 것으로 이루어지곤 했다. 언제나 화물을 실은 운반선이 섬과 뭍 사이를 왕래하는 것은 그 때문이었다.

아버지가 장사를 하였기에 만덕은 늘 기다림의 시간을 보내곤 했다. 배를 타고 육지에 다녀온 아버지의 손에는 항상 선물이 들려 있었다. 지겨운 기다림 끝에 기쁨의 시간이 펼쳐졌던 것이다. 그런데 만덕이 11세 되던 해의 가을, 그 기쁨의 시간은 이제 다시 찾아올 수 없는 것이 되어버렸다. 갑작스레 아버지의 부고가 전해진 것이다. 장사를 끝내고 나주에서 돌아오는 도중 거친 풍랑을 만나 화물과 함께 배가 전복되어버린 사고였다.

아버지의 죽음으로 가세는 갑자기 기울고, 남은 가족은 절망의 나락으로 떨어졌다. 충격을 받은 어머니는 자리에 누워 일어나지 못했다. 만덕의 자랑거리였던 큰 집도 머지않아 빚쟁이들의 손에 넘어가고 만덕의 식구들은 길을 헤매는 신세가 되어버렸다.

만덕은 남의 집 광을 빌려 병든 어머니를 간호했다. 또한 먼 친척집을 찾아 다니며 먹을거리를 구했다. 하지만 이 같은 노력에도 불구하고 어머니는 아버지의 뒤를 따랐다. 엎친 데 덮친 격으로 그해 제주도는 대흉작이 들었기 때문에 만덕 남매는 굶어죽을 위기에 처했다.

만덕과 오라비들은 친척들의 주선으로 각각 남의 집에 맡겨졌다. 그녀는 어느 부잣집의 하녀로서 매일 아침 일찍부터 저녁 늦게까지 몸이 가루가 되도록 일해야 했다. 그러나 끼니조차 제대로 이을 수 없었고, 무엇보다 정든 오라비들이 보고 싶어 눈물바람으로 밤을 지새우는 날이 많았다.

젊은 명기

그러나 이마저도 행운의 시간이라 할 수 있었다. 온갖 고생을 다하면서도 열다섯 살 고운 처녀로 자란 만덕이 나이 든 기생집에 맡겨지게 된 것이다. 더 이상 하녀를 두지 못할 만큼 주인집의 가세가 기울어버리면서, 양인이었던 만덕 또한 하루아침에 기생집 종노릇을 하게 되었다.

그런데 노기老妓의 집에 맡겨진 이후로 작은 즐거움도 하나 생겼다. 허드렛일은 힘들지만 본래 좋아했던 노래와 춤을 배우고 장고나 가야금도 연주할 수 있었기 때문이다. 그녀의 재능을 눈여겨본 노기는 만덕을 기안妓案(관아에서 기생의 이름을 기록한 책)에 올려버렸다. 만덕은 슬픔을 느꼈지만 살아남기 위해서는 어쩔 도리가 없었다.

오래지 않아 만덕은 섬 내에서도 평판이 자자한 젊은 명기가 되었다.

"저 기생의 춤은 일류예요. 한양으로 나가도 손색이 없을 거예요."

노기의 말에 귀가 솔깃해진 돈 많은 양반들은 만덕을 차지하려고 애를 썼다. 하지만 만덕에게는 끔찍한 일일 뿐이었다. 그녀는 단 한 번도 자신이 진짜 기생이라고 생각해본 일이 없었다. 그녀의 꿈은 어서 돈을 벌어 오라비들과 해후하고 예전처럼 단란한 가정을 회복하는 것뿐이었다.

그러던 어느 날, 노기가 은근한 표정을 지으며 다가와 말했다.

"만덕아! 너도 벌써 열아홉 살이 되었구나. 슬슬 서방님을 가져도 좋지 않겠느냐? 마침 괜찮은 남자가 너를 보고 싶어 하는구나."

놀란 그녀는 찬찬히 노기의 얼굴을 바라보았다.

"순무어사로서 섬에 와있는 이도원李度遠이란 양반님이시다. 그분이라면 너를 잘 대해주실 게야……."

만덕은 도리질치고 싶었다. 하지만 부정하고 싶어도 자신은 기생이었고 그것은 지금 당장은 벗어날 수 없는 운명의 굴레였다.

인생의 유일한 남자

다행히도 이도원이란 인물의 인품은 훌륭했다. 그는 문과에 급제한 후 옥당 홍문관을 거쳐 한양 이남의 여러 고을을 시찰하고 있던 젊고 총명한 관리였다. 만덕은 그런 이도원과 약 반년 동안을 함께 했다. 이 기간 동안 만덕은 이도원에게서 한시를 배우고 학문적인 지식도 얻는 등 많은 도움을 받았다.

"자네는 대체 무엇을 할 생각으로 그렇게 배움에 열심인가?"

이도원은 탐욕스럽게 배움을 갈구하는 만덕에게 감탄하며 때때로 물었다. 학문도 그렇지만 남자처럼 세상 움직임이나 물가 등에 흥미를 나타내는 그녀가 이상하게 생각되기도 했던 것이다. 그럴 때마다 만덕은 그저 배시시 미소를 지을 뿐이었다.

행복했지만 이별이 언약된 만남이었다. 시간은 화살처럼 흘러 어느덧 이도원은 뭍으로 돌아갈 때가 되었다. 이도원은 만덕에게 말했다.

"자네를 알게 되어 정말 즐거웠네. 지금까지 기생은 남자의 위안거리로 노래나 춤 솜씨가 좋을 뿐이라고 생각했었네. 하지만 자네를 만나고서 그 생각이 달라져버렸지."

말을 끝마친 그는 만덕에게 정성껏 선물을 안겨준 후 섬을 떠나갔다.

허망한 이별이었다. 양반의 첩이 되면 기생도 면천免賤(천한 신분에서 놓여남)할 수 있다는 걸 만덕 역시 모르지 않았다. 실제로 만덕 주변의 기생들은 누구나 괜찮은 양반을 만나 첩이 되기를 꿈꿨다.

만덕은 떠나간 이도원을 돌이켜 보았다. 그와의 관계가 더 오래 지속되어 소실로 들어간다면 행복했을까? 오랜 시간 생각한 끝에 만덕은 고개를 저었다. 그렇지 않을 것이다. 면천은 할 수 있을지언정 그것은 천함을 또 다른 천함으로 바꾸는 일일 뿐이었다.

기생이 되고 싶어 되는 사람은 없겠지만 자신은 어엿한 양인 출신이었다. 무엇보다 남 앞에서 당당하게 자신의 삶을 드러낼 수 있지 않는 한 그녀는 행복할 수 없을 것 같았다. 그만큼 만덕은 인간으로서의 주체성과 자부심이 강한 여자였고, 이후에도 그녀는 단 한 번도 그것을 마음속에서 놓은 적이 없었다. 그러므로 이도원은 그녀 인생에서 처음이자 마지막 남자가 될 수밖에 없었다.

양인의 신분을 되찾다

이후 만덕이 양인 신분을 되찾기 위해 필사적인 노력을 기울인 건 어쩌면 당연한 일이었다. 그녀는 제주 목사濟州牧使 신광익申光翼을 찾아가 자신을 양인 신분으로 되돌려줄 것을 청했다.

"저는 원래 양인 출신으로 부모가 세상을 떠난 후 부득이 기생이 된 것입니다. 어서 양인으로 환원시켜주셔서 조상님의 얼굴을 똑바로 뵐 수 있게 해주세요."

만덕의 간청은 받아들여지지 않았다. 당시 조선 사회에서 관기官妓(관아에 소속된 기생)는 나라의 재산과 마찬가지였다. 그런 재산을 말 몇 마디에 내어줄 관리는 없었다.

하지만 만덕의 뚝심도 여간한 것이 아니었다. 그녀는 기회 있을 때마다 관청 문을 두드리며 애절한 목소리로 같은 호소를 되풀이했다.

마침내 이 기이한 기생의 소청에 신광익의 마음도 움직이기 시작했다. 그는 만덕을 불러 그간의 사정을 차근차근 들어보았다. 과연 그녀의 주장에는 그릇됨이 없었다. 현실은 어떨지 몰라도 양인의 수를 늘려 국가의 골간으로 삼는 것은 어느 유교 국가나 펴고 있는 정책이었다. 아니 정책 이전에 이토록 애절하게 호소하는 여인의 한은 어떻게든 해원解冤시켜주지 않으면 안 될 것처럼 느껴졌다. 오월비상五月飛霜. 여인의 한은 오뉴월에도 서리를 내리게 한다고 하지 않던가. 하물며 그 주장이 정연하고 그릇된 것이 없음에랴.

결국 만덕은 꿈에 그리던 양인 신분을 되찾을 수 있었다. 하지만 이는 동시에 앞으로는 어떤 바람막이도 없이 혼자서 험한 세파를 헤쳐 나가야 함을 의미하기도 했다.

만덕은 객주客主(상인의 물건을 위탁받아 팔아주거나 매매를 중계하며 숙소를 제공하던 집)를 차려 생계를 이어나가기로 했다. 상인의 피가 흐르는 그녀로서는 당연한 선택이었다.

아버지의 가업을 잇다

다행히 만덕의 장사 수완 덕분에 객주는 나날이 번창해갔다. 그녀는 물건을 중개하는 역할에서 벗어나 차츰 자신이 거래의 당사자가 되는 직접 상인으로 변신해나갔다.

이도원과 사는 동안 그녀는 양반들의 생활에 대해 많이 들었고 그들이 무병장수를 위해 비싼 한방약을 복용하고 있다는 것을 알았다. 그 사실을 떠올린 만덕은 한방약 장사를 시작하기로 마음먹고 우선 제주도의 한라산에 많이 서식하고 있는 사슴을 목표로 삼았다.

사슴뿔은 옛날부터 '녹용'이라 해서 일반인들은 손에 넣을 수 없는 비싼 한약재이다. 그것을 사들여서 전라도로 팔러 가면 곡창지대의 부자들이나 관리들이 비싸게 살 것이 틀림없다고 생각했다. 만덕의 예상은 적중했다. 본토의 거간꾼들은 다투듯 녹용을 입찰하여 준비한 물건들은 순식간에 팔려 나갔다. 출발은 순조로웠다. 생각지 않은 이익을 얻은 만덕은 품목을 넓혀 한라산에 있는 여러 가지 약초를 채취하고 새로운 약초 재배까지 시작했다. 그리고 그것이 안정적으로 이익을 보게 되자 나뭇결이 아름다운 목재 장사로까지 사업을 확장해나갔다.

아버지의 혼이 지켜주고 있음인지 만덕은 손을 대는 것마다 성공을 거뒀다. 귤 재배에도 관심을 쏟았는데 그마저 성공을 거두자 해녀들에게서 전복과 미역 등을 직접 사들여 뭍에서 오는 상인들에게 팔기도 했다. 또 뭍으로 물건을 운반해 갔다가 돌아오는 배에는 쌀과 목면을 가득 실어와 섬 사람들에게 파는 등 뛰어난 장사 수완을 보였다.

만덕이 새로운 사업으로 성공한 일은 이제 온 섬에 알려졌다. 약재·귤·해산물 등을 장사하기 위해 3백 석 규모의 배를 두 척이나 구입해서 모두를 놀라게 했던 것이다.

당당한 상인으로서 남부럽지 않은 부자가 된 그녀는 바라던 대로 오라비들과 해후하여 두터운 남매의 정을 나누게 되었다. 이는 그녀에게 무엇과도 바꿀 수 없는 행복이었다.

활인금活人金을 찾아서

정조 15년(1791년) 여름, 커다란 태풍이 섬을 엄습했다. 피해는 이루 말할 수 없을 만큼 막대했다.

목사牧使 이길운李詰運은 임금에게 섬의 어려운 상황을 호소하여 구제미로 수수 1만 석을 받았다. 그러나 그것으로 섬 사람들을 먹이기엔 턱도 없었다. 굶주림과 참상은 점점 더 심각해졌다.

만덕의 나이는 이미 예순을 헤아리고 있었다. 그녀는 이미 제주 제일의 부호가 된지 오래였다. 이미 거부巨富가 된 그녀에게는 해가 되어 돌아올 일이 없었다. 자손이 있다면 대대로 그것만 파먹고 살아도 남을 만큼 재산을 쌓아놓은 터였다.

하지만 만덕은 마음이 따뜻한 사람이었다. 무엇보다 그 자신이 힘겨운 삶의 고통을 겪은 터이기에 이웃들의 참상이 남의 일로 다가오지 않았다. 만덕은 분연히 일어서 굶주린 사람들 곁으로 다가갔다. 많은 식량과 구제금을 내고 사람들을 격려하며 다녔다. 전해 오는 말에 의하면 이때 섬 사람들은 신을 뵙는 것처럼 만덕에게 인사를 했다고 한다.

또 하루는 비싼 녹용과 음식을 가지고 마을에서 소문난 효자 아들을 찾아가 이렇게 말한 일도 있었다.

"나는 부모가 일찍 돌아가셨기 때문에 효성스런 아이들을 보면 가만있을 수가 없구나."

자신이 겪은 초년의 고통이 절절이 배어나오는 말이었다.

그러나 만덕의 활약에도 불구하고 상황은 좋아지지 않았다. 정조 18년 가을, 다시 한 번 미증유의 태풍이 제주도를 강타했던 것이다. 가을 수확 직전에 심한 폭풍우가 모든 것을 뿌리째 흔들어버렸기 때문에 아사하거나 병사한 사람들의 시체가 여기저기에 널릴 정도였다.

이때도 만덕은 굶주린 사람들을 구제하는 일에 앞장섰다. 관아에서는 본토로 긴급 구제를 요청했다. 전라도에서 곡물 1만2천 석을 17척의 큰 배에 실어 보냈으나 도민 전체가 기아 상태였기 때문에 사람들에게는 하루 한 그릇의 죽조차도 제대로 나누어줄 수가 없었다.

다음해 봄에는 참상이 더 확대되어 갔다. 왕실에서는 내탕금內帑金(임금이 개인적으로 소유한 재물, 혹은 비상금) 1만5천 냥을 전라 감사에게 주어 제주도로 곡물을 실어 보내게 했다.

만덕의 이웃에도 시체가 널리고 쌓일 정도가 되었다. 그녀는 지금까지만 해도 수많은 원조를 해온 것이 사실이었으나 이제 자신이 기로에 서있음을 깨달았다. 35년간 아끼고 아껴서 모아온 전 재산을 털지 않으면 섬 전체가 죽게 될 것이 너무나 분명했다. 피땀 어린 노력으로 쌓은 진정 아까운 재산이었다.

그러나 그녀는 거상巨商이었다. 장사의 문리를 터득한 상인은 돈의 가치가 아니라 사람의 가치를 더욱 중하게 여기는 법이다. 칼에도 '활인검活人劍'과 '사인검死人劍'이 있듯이, 돈에도 '활인금活人金'과 '사인금死人金'이 있다는 게 그녀의 소신이었다. 그러했기에 그녀는 오래도록 고민할 필요가 없었다. 당장 전 재산을 털기로 결심한 것이다.

만덕은 약간의 생활자금과 친척들에게 나눠줄 돈만 남기고 모든 돈을 바쳐 곡식을 장만했다. 그녀의 그와 같은 활약이 아니었다면 얼마나 더 많은 사람들이 죽어나갔을지 모를 일이었다.

제 유일한 희망은

만덕의 갸륵한 행동은 목사의 보고를 통해 정조대왕에게도 알려졌다. 보기 드문 명군明君으로 칭송받으며 백성의 지지를 얻었던 정조는 감격하지 않을 수 없었다.

드디어 전라도와 경상도에서 양곡을 가득 실은 배가 연이어 제주도에 도착했고 관청에서도 구휼미가 지급되었다. 섬 전체에 환호성이 울려 퍼졌다. 정조는 만덕의 덕행을 높이 칭찬하며 제주 목사에게 그녀의 소원이라면 무엇이든 들어주도록 하라고 명했다. 명령을 받은 목사는 만덕을 불러 왕의 뜻을 전했다.

본래 조선에는 흉년에 많은 양곡을 기부하거나 나라에 큰 공을 세우면 양인에게도 양반 신분을 내려주는 관례가 있었다. 때로 이들에겐

제주 모충사 내에 건립된 김만덕 기념관. 이곳에는 '제주의 어머니'로 불리는 김만덕의 유물 180여 점이 전시되어 있다.

지방 관청의 아전으로서 최고의 직책인 좌수座首의 자리를 내려주는 일도 있었다. 하지만 만덕은 이렇게 말했다.

"제가 해야 할 일, 하고 싶은 일을 했을 뿐으로 아무런 소망이 없습니다. 상을 바라고 했던 일이 아닙니다."

그러자 목사는 왕의 깊은 뜻을 헤아리도록 거듭 그녀를 설득했다. 만덕은 한동안 생각한 끝에 조심스럽게 대답했다.

"그러면 이렇게 하여 주십시오. 제 소원은 한 번만 한양으로 가서 임금님이 계시는 곳을 배알하고, 돌아오는 길에 금강산에 올라가 일만 이천봉의 절경을 구경하는 것입니다. 그렇게만 할 수 있다면 죽어서도 한이 없겠습니다."

그 시대 제주도의 여성은 육지에 나갈 수 없도록 정해져 있었다. 하물며 한양은 말할 것도 없었다. 백성들은 대개 일정한 거주 제한이 있었으며 신분이나 직업에 따라서도 거주 지역이 제한되었다. 따라서 만덕의 희망은 나랏법에 어긋나는 것이었다. 목사는 다시 만덕의 소망을 정조에게 여쭐 수밖에 없었다. 그러자 왕은 그녀의 소원이 기특하다며 궁중의 내의원 의녀로서 상경하도록 하라고 지시했다. 의녀는 기생도 겸하고 있었기 때문이다.

조선시대에는 유교적인 예속禮俗이 엄하고 남녀 간의 접촉이 극도로 제한되어 있었다. 때문에 여성은 남자 의원에게 진찰받는 것을 부끄러워하는 풍조가 있어 여성의 치료에 지장이 많았다. 또 양반이나 중인 여성들은 다른 남성과 접촉할 기회가 많은 의녀 되기를 피했으므로 세종대왕(재위 1418~1450년) 시대에는 각 도에서 어린 관비를 뽑아 한양에서 의학 공부를 하게 한 뒤 고향으로 돌아가서 치료에 전념케 했다.

그런 이들을 의녀라 불렀는데 순수 기생과 같은 대접을 받았으며 복장도 기생에 준하였다. 특히 총명하고 교양 있는 의녀들 가운데서도 궁중의원에 속하는 10여 명은 약방기생이라 하며 최고급 기생으로 인정되었다. 신분은 기생이라 하더라도 후한 대우를 받았던 것이다.

정조는 만덕을 의녀로서 상경시키도록 했으며 지나가는 길인 각 역과 군·면에 숙식처를 준비해놓고 역마를 대기시켜서 여행의 편의를 도모하도록 배려했다. 이리하여 정조 20년(1796년) 가을, 만덕은 마침내 한양에 도착했다.

꿈에 그리던 명산

김만덕은 우선 좌의정 채제공에게 불려갔다. 그는 원로대신의 한 사람으로 젊었을 때부터 20년 가까이 정승 자리에 있었으며 식견과 덕망을 겸비한 인물로 알려져 있었다. 이때 그는 77세, 만덕은 59세였다.

잔뜩 긴장한 채 채제공을 대면한 만덕은 그의 온화한 표정에 긴장감이 풀리고 친근감마저 느끼게 되었다. 좌의정도 그녀에게 호의를 가진 듯 조속히 임금을 알현할 수 있도록 내의원 의녀의 우두머리로 임하라는 지시를 내렸다.

만덕이 우두머리 의녀로서 내전으로 인사를 여쭙자 왕비도 시녀를 통해 많은 상을 보내며 "여자의 몸이면서 높은 뜻을 가지고 수천의 백성을 구한 것이 참으로 갸륵하다"라는 칭찬의 교서를 내렸다.

만덕은 그로부터 반년가량 그야말로 매일을 꿈처럼 즐겁게 보냈다. 남산에 올라가서 한양을 바라보면 성 안에는 수만 호의 집들이 가득했고, 중궁전의 위용, 광화문 앞 육조통의 번잡함, 이현(지금의 동대문 시장)에 넘쳐 나는 팔도의 물산 등이 다 눈에 들어왔다. 그녀 자신이 상인이었기에 이러한 광경들은 더욱 흥미로울 수밖에 없었다.

모든 게 처음 보는 것들이라 싫증도 내지 않고 구경했다. 시장에는 연경실, 북관 마포, 포도, 감, 밤, 동해의 해산물, 나전칠기 등 각지의 특산품을 파는 가게나 명품을 만드는 공장들이 즐비하게 늘어서 있었다. 정말 다른 세계에 온 듯한 나날이었다.

상업을 중시하고 생산을 진흥시켜 해외무역을 하자는 게 그의 주장이었다. 그의 이런 생각은 시대의 사조를 뛰어넘은 근대 사상의 시초였다고 할 수 있다. 그는 당대 최고로 알려진 폭넓은 식견으로 임금의 두터운 신임을 받는 젊은 인재이기도 했다.

그는 김만덕 부인을 위해 「송만덕귀제주시병서送萬德歸濟州詩竝序」를 읊고 "국왕이 백성에게 은혜를 베풀고 촌리의 여성이 영광을 입은 것은 고금을 통해 그 예를 보기 어려운 일이다"라고 칭찬하면서 다음과 같이 서술하고 있다.

만일 만덕 부인이 남성이었다면 그 공은 3품 자리와 만호의 직職을 받는 것으로 끝나겠지만 여성이었기에 이런 명예에 빛날 수가 있었던 것이다. 여자의 몸으로 천여 명의 인명을 구하고 만리창파를 건너서 궁전에 들어왔으며 명산을 찾아가고 미담을 낳게 하였다.

박제가는 후에 "만덕 부인은 부처님이나 신선 같았으므로 어쩌면 전세에 그와 같은 인연이 있었던 것은 아니었을까?"라고 술회하고 있다. 채제공은 만덕과의 만남을 이렇게 회고했다.

그 옛날 진시황제 때부터 중국인은 동해에 신선이 사는 삼신산三神山이 있다고 했는데, 그 전설에 따르면 우리나라의 한라산, 즉 그의 고향의 명산인데 그곳을 영주라 하고 금강산은 봉래라 한다. 그이는 제주도에서 태어나 한라산에 올라가 백록담의 물을 마시고 자랐으며 이번에는 금강산을 빠짐없이 둘러보았으므로 삼신三神 중에서 두 곳은 이미 본 것이 된다. 천하에는 수많은 남자들이 있으나 그처럼 기회를 타고난 사람이 몇이나 되겠는가? 아마 없을 것이다. 그는 이번에 남자도 할 수 없는 큰일을 이루어냈다. 그는 나와 헤어질 때 어린아이처럼 눈물을 흘리지 않았겠는가. 내가 "여장부답게 밝게 웃으면서 어서 고향으로 돌아가세요"라고 말하자 그는 쾌활하게 웃었다. 나는 준비해두었던 만덕 부인의 약전略傳을 선물로 주었다.

이렇듯 김만덕은 평생 잊을 수 없는 감격을 안고 그리운 고향 제주도로 돌아갔다. 이후 그녀는 사람들의 깊은 존경을 받으면서 살다가 73세를 일기로 눈을 감았다고 한다.

자신의 삶에 자부심을 가진 채 누구에게도 의존하지 않는 삶을 살고자 했던 김만덕. 가장 비참한 자리에서 일어나 가장 존귀한 자리에 오른 그녀는 여성의 자기 주체성이 무엇인지를 대변하는 귀감으로 오늘도 우리에게 큰 감동을 안겨주고 있다.

시 1945년 8·15해방 이후이며, 그 후 남북 분단이라는 가혹한 민족의 비극이 계속되는 가운데에서도 각각의 입장에서 여성사의 조사와 연구가 진행되었다. 오늘 그것은 한마디로 말해 지금까지의 한국사 중에서 '잊혀진 역사'였던 '여성사女性史'를 발굴하고 여러 각도에서 조명해 그 전체상을 부각시키는 작업이다.

우리나라의 경우 여성사를 '잊혀진 역사'로서 되돌아보게 된 원인 중 하나는 역시 오랜 세월에 걸친 유교사상儒教思想의 교화教化로 인해 유교적인 여성관이 골수에 사무쳤기 때문일 것이다. 근세조선이 창건되고 나서 머지않아 일반 서민에게까지 유교도덕의 기본인 '삼강三綱'을 설說한 『삼강행실도三綱行實圖』(1425년)라는 책을 배포한 것은 그 전형적인 사례라 할 수 있다. 삼강이란 임금과 신하, 부모와 자식, 남편과 아내 간에 지켜야 할 도덕규범인데, 그것은 임금에게는 충의忠義, 부모에게는 효도와 공양을 다하고 남편에게는 절대 순종해야 한다는 것이다. 더욱이 이 유교적 도덕관이나 사회규범은 우리 여성들을 집안에 가둬두고 남성 중심의 가치관으로 '사육'하면서 오랜 질곡의 굴레를 씌워왔다고 할 수 있다.

또 하나의 원인은 약 반 세기에 걸친 일본제국의 가혹한 식민지 지배이다. 아시다시피 일본 침략자들은 조선민족말살정책을 강행하고 인적·물적 자원을 약탈했을 뿐 아니라 조선어의 사용을 금지하고 동포들의 본명까지 빼앗아 강제로 '창씨개명'까지 일삼았던 것이다. 이런 식민지시대, 우리나라의 여성들이 봉건적 관습에 얽매인 채, 더욱이 식민지의 '여자 노예'로서 학대받았던 사실은 전후 50여 년이 지나서야 겨우 밝혀지기 시작한 이른바 '종군위안부'들의 비참한 실태로 알 수 있다. 이것은 근·현대 조선 여성의 통곡의 비사悲史가 오늘에 이르기까지 그야말로 '잊혀진 역사'로서 오랫동안 은폐되어왔던 사실을 이야기하고 있는 것이다.

이와 같이 고대부터 근·현대에 이르는 한국여성사의 발굴과 연구 과정에는 아직도 많은 난관이 가로놓여 있으며 해결되어야 할 과제는 문자 그대로 산적해 있다. 늦었지만 이 책은 그런 취지에서의 전저前著 『조선사의 여인들』에 계속되는 두 번째 가교假橋로써 고조선시대부터 근세조선 시대까지의 여성들을 선별해 나름대로 정성을 다하여 쓴 것이다. 전저와 병행해서 읽는다면 우리나라 여성사의 윤곽이 어렴풋이나마 떠오르리라 생각한다. 또 그것을 기대해 마지않는 바이다.

성율자

여인들의 한국사

초판 1쇄 발행 2010년 7월 25일

지 은 이 성율자
옮 긴 이 김승일

펴 낸 이 최용범
펴 낸 곳 페이퍼로드
출판등록 제10-2427호(2002년 8월 7일)
　　　　 서울시 마포구 연남동 563-10번지 2층

기　　획 고경문, 이송원
편　　집 정유미, 김남희
마 케 팅 윤성환, 유정완
경영지원 임필교
디 자 인 장원석(표지), 이춘희(본문)

이 메 일 book@paperroad.net
홈페이지 www.paperroad.net
커뮤니티 blog.naver.com/paperroad
Tel (02)326-0328, 6387-2341 | Fax (02)335-0334

I S B N 978-89-92920-44-5 03910

· 책값은 뒤표지에 있습니다.
· 잘못 만들어진 책은 구입하신 곳에서 바꾸어 드립니다.
· 이 책은 저작권법에 따라 보호받는 저작물이므로 무단 전재와 무단 복제를 금합니다.